사계절을 위한 기도

사계절을 위한 기도

정현구 지음

생명의 양식

차례

- 개정판을 내면서　　07
- 추천의 말　　11
- 초판 서문　　17
- 초판 추천의 글　　23

봄의 기도　　31

01 시간을 새롭게 하려면 기도를 새롭게 하십시오　32
02 예배의 회복　40
03 마음의 화랑에 걸린 한 폭의 그림　46
04 사람을 최고라 하고 싶습니다　54
05 사월의 소리　62
06 불, 물 그리고 바람　70
07 행복을 연주하는 가정　78
08 행복의 조건　86
09 오늘, 생애 최고의 순간　94

여름의 기도　　101

01 쉼이 먼저입니다　102
02 초연한 마음　110
03 주도적인 삶　116
04 대화의 기적　122
05 진정한 힘　130
06 진정한 기적　138
07 자연의 소리　146
08 크리스천 웰빙　154
09 섭리의 빛　162

가을의 기도 　　　　171

- 01　낙엽 하나　　　　　　　　　　172
- 02　당신에게서 들리는 소리　　　178
- 03　경건의 연습　　　　　　　　　184
- 04　기도, 가장 위대한 행동　　　　190
- 05　하나님의 임재훈련　　　　　　196
- 06　회복을 위한 언어　　　　　　　204
- 07　사귐으로서의 기도　　　　　　214
- 08　정결한 마음　　　　　　　　　222
- 09　기도의 여행　　　　　　　　　230

겨울의 기도 　　　　239

- 01　겨울의 기도　　　　　　　　　240
- 02　미래는 과거를 다시 만든다　　246
- 03　선택의 역설　　　　　　　　　252
- 04　'지금, 이곳'의 의미　　　　　　260
- 05　죽음은 마침표가 아니다　　　　266
- 06　세 가지 종류의 인생　　　　　272
- 07　죽음, 역설적 은총　　　　　　　282
- 08　새해를 새롭게 하는 것　　　　290
- 09　미래는 열려 있다　　　　　　　296

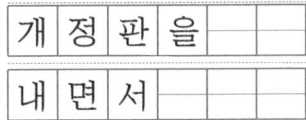
개정판을 내면서

　　우리는 매년 사계절을 지나면서 한 해를 마무리합니다. 인생도 삶의 봄, 여름, 가을, 겨울을 통과하면서 삶의 마무리에 이릅니다. 인생은 사계절을 많이 닮았습니다. 희망이 싹트는 봄에서 시작해서, 뜨거운 열정의 여름을 통과하고, 삶의 열매가 영그는 가을을 지나, 조용히 생명의 불꽃을 내면으로 붙드는 겨울에 이릅니다. 그리고 영원한 봄을 기다립니다.

　매년 경험하는 바이지만, 계절마다 그 계절만의 개성 있는 향기와 색깔이 있어, 하나님이 펼쳐 놓으신 아름

No.

다움을 보면서 노래하지 않을 수 없습니다. 삶의 계절도 각각의 계절을 통과하면서 감사할 것을 발견하고 은혜를 깨닫고 조금씩 성숙해 갑니다.

그런데 그 계절들을 제대로 누리려면 그 앞의 계절을 충실히 통과해야 합니다. 봄철의 희망을 노래하고 붙들어야 여름의 열정을 불태울 수 있고, 여름의 힘을 쏟는 헌신이 있어야 가을의 열매를 맺을 수 있고, 가을의 성숙이 있어야 잎을 다 떨구었지만 강인하게 겨울을 견디며 영생의 봄을 기다릴 수 있습니다. 문제는 이렇게 되기 위해서는 인생의 각 계절이 주는 은혜와 깨달음을 발견하기 위한 각 계절을 위한 기도가 필요하다는 것입니다.

그런 의미로 각 계절의 성찰과 기도를 담아 2007년,

『사계절을 위한 기도』를 출판했습니다. 그 이후 꽤 긴 시간이 지났는데, 이 책을 통해 삶의 계절을 위해 필요한 성찰과 기도를 발견할 수 있으면 좋겠다고 요청하는 분이 있었습니다. 작은 도움이라도 되면 감사하겠다는 마음으로 내용을 조금 더 추가하여 개정판을 냅니다. 다시 출판하도록 수고하신 분들에게 감사를 드립니다.

2019년 7월 1일,
정현구

사계절을 위한 기도

추천의 글

    그리스도인의 삶에서 기도의 중요성은 아무리 강조해도 지나침이 없을 것입니다. 살아계신 하나님과 대화하고 교제하는 소중한 수단 가운데 하나이기 때문입니다. 또한 기도는 기도하는 그 사람의 신앙과 영성, 가치관과 세계관을 반영할 뿐 아니라 형성해가기 때문입니다.

    여기에 모범적인 기도문의 필요성이 있습니다. 좋은 기도문은 읽는 사람의 기도를 심화시켜 주며 길잡이 역할을 할 뿐 아니라 내면 세계를 맑고 아름답게 가꾸어

No.
_____

주기 때문입니다. 정현구 목사님의 〈사계절을 위한 기도〉는 여러 면에서 참 좋은 기도 안내서라고 확신하며 적극 추천합니다.

우선, 기도문만을 모아 놓은 여타 기도선집과는 다르게 기도문 앞에 묵상의 글이 제시되고 있는데, 이 글이 참 좋습니다. 읽다 보면 자연스레 하나님 앞에 홀로 나아가 기도하고 싶은 욕구가 일어납니다. 또한 그리스도인으로서 무엇을, 어떻게 기도해야 할지를 깨닫게 됩니다. 글이 담고 있는 메시지가 복음적이고 성경적일 뿐 아니라, 문장도 정갈하고 아름답습니다. 글이 머금고 있는 온기와 향기가 바쁘고 분주한 생활로 지친 우리의 마음에 쉼을 제공합니다. 그래서 사랑하는 주님 앞에서 나의 삶을 성찰하게 합니다.

둘째, 묵상의 글 다음에 제시된 기도문이 참 좋습니다. 묵상의 글에서 언급했던 내용들이 잘 녹아 들어 있을 뿐 아니라, 문장이 간명하고 영감이 있습니다. 기도문의 길이도 적당해서 실제 기도로 이어지기 쉽습니다. 기도문이 너무 길거나 짧으면 길잡이 역할을 하기가 어렵기 때문입니다.

셋째, 사계절을 따라 기도할 수 있도록 편집되어 있어서 참 좋습니다. 자연의 사계절을 따라 기도하며 계절이 바뀔 때마다 변화하는 소리와 색깔을 체감할 수 있기 때문입니다. 그 계절에 묵상하거나 기도하면 영성을 더욱 깊게 해 줄 수 있는 좋은 주제들을 만날 수 있기 때문입니다. 또한 우리 인생에서 만날 수 있는 사계절을 따라, 삶의 다양한 분위기와 상황 속에서 계속 기도

No.

할 수 있도록 도움을 주기 때문입니다.

 마지막으로 이 책은 반복해서 읽을수록 깊은 맛이 우러나기에 참 좋습니다. 제 자신이 이 책의 글과 기도문을 10여 년째 읽고 있는데, 점점 그 깊이와 맛을 느끼고 있습니다. 하늘 백성으로 이 땅을 살아가는 삶이 어떤 것인지, 종말론적인 관점을 가지고 오늘 하루의 삶을 충실하게 살아낸다는 것이 무엇인지를 배워가고 있습니다. 열심히 살되 집착하지 않는 삶이 무엇인지를 알아가고 있습니다. 오늘 하루를 살아내면서도 영원을 바라보고 호흡하는 것이 어떤 것인지를 계속 배워가고 있습니다.

 참으로 반가운 소식은 이번에 두 개의 글이 더해져 이 책이 새롭게 출간된다는 것입니다. 그 동안 제가 읽던

No.
———

책이 낡아져서, 새 책을 사고 싶었지만 서점에 책이 없어서 구입할 수 없었기 때문입니다. 이제 새롭게 출간되는 책을 구입해서, 새로운 마음으로 읽고 묵상하며 기도할 생각을 하니 설렙니다.

김경석 목사
(강서침례교회 담임목사 | 『모든 사람을 위한 복음』 저자)

사계절을 위한 기도

초판 서문

 계절이 바뀔 때 마다 변화하는 것들이 있습니다. 계절마다 계절의 소리들이 변화합니다. 봄에는 종달새 소리와 맑은 시냇물 소리가 있으며, 여름에는 매미 소리와 시원한 파도 소리가 있습니다. 가을에는 귀뚜라미 소리와 낙엽 밟는 소리가 있으며, 겨울에는 벌판을 가로지르며 부는 바람 소리와 눈 내리는 소리 없는 소리도 있습니다. 계절을 따라 색깔도 바뀝니다. 봄은 연두색과 노란색이다가, 여름은 진한 초록색과 파란색으로, 가을은 황금색과 붉은색으로, 그리고 겨울은

No.
_____

갈색 그리고 흰색으로 바뀝니다.

계절을 따라 소리와 색깔이 달라지고 바뀌는 것처럼, 우리 삶도 인생의 사계절을 따라 삶의 분위기와 내용이 바뀌어 갑니다. 어린 시절의 봄, 청년의 여름, 장년의 가을, 그리고 노년의 겨울은 각각 다른 분위기를 가지고 있습니다. 사계절은 모든 사람이 살아가는 시간의 역사요 거스릴 수 없는 흐름입니다. 그런가 하면 사계절은 지금 이곳에서 매순간 펼쳐지는 삶의 공간이기도 합니다. 나라나 가정이나 직장이나 공동체를 따라 어떤 곳은 활기찬 봄인가 하면, 어떤 곳은 고독한 겨울입니다. 비록 같은 지역과 상황 속에 있어도 어떤 사람의 마음은 정열적인 여름인가 하면, 어떤 사람의 마음은 쓸쓸한 가을입니다. 사계절은 순서를 따라 일어나는 시간적 체험일 뿐 아니라, 한 곳에서 동시에 다양하게 일어나는 공간적 체험이기도 합니다.

삶은 이런 사계절을 살아가는 것입니다. 일 년을 위해

No.
_____

서 계절마다 주어지는 햇빛과 비가 필요하듯이, 인생을 위해서는 사계절의 체험이 필요합니다. 우리 각자 개인적으로 좋아하는 계절이 있고 그 계절만 계속되면 좋겠다고 생각하기도 하지만, 사실상 삶에는 모든 계절이 다 필요합니다. 계절들의 독특한 의미를 안다면 우리는 모든 계절이 다 소중하다고 고백하지 않을 수 없습니다. 왜냐하면 각 계절은 각각 우리를 위해 주어진 하나님의 선물이기 때문입니다.

 자연의 사계절은 소중한 선물일 뿐 아니라, 또한 인생을 보여주는 창입니다. 사계절의 창으로 인생을 보면 계절마다 주어지는 메시지를 들을 수 있습니다. 어렵고 힘든 겨울에 처했을 때에는 겨울의 고독이 지닌 메시지를 듣고, 인내가 필요할 때 가을의 성숙의 메시지를 듣고, 일이 잘 풀릴 때에는 교만하여 넘어지지 않기 위해 여름의 메시지를 듣습니다. 그렇게 계절의 메시지를 들으면서 살아간다면 삶의 모든 계절들은 하나도 낭비되지 않고 우리를 성숙시키는 필요한 계절이 됩니다.

　우리가 인생 사계절을 통과하면서 의미도 생각도 없이 살아가지 않고, 계절마다 주시는 하나님의 조용한 음성을 들으며 살아갈 수 있다면, 그리고 계절이 지닌 색깔과 소리와 냄새를 누리면서 살아갈 수 있다면, 삶의 모든 계절과 사건들을 하나님을 만나는 계기로 만들 수 있습니다. 계절마다 주시는 하나님의 소리를 듣고 또 계절마다 주시는 메시지를 분별하려면, 사계절의 색깔과 소리가 다르듯이 인생의 사계절에 찾아오시는 하나님의 임재의 색깔과 느낌도 다르다는 것을 알아야 합니다. 하나님은 인생의 봄에 찾아왔던 것과 꼭 같은 모습으로 인생의 여름이나 가을에 찾아오시지 않습니다. 하나님은 계절의 옷을 입고 계절의 소리를 따라 오십니다. 우리는 여름만이 아니라 겨울에도 하나님을 만날 수 있습니다. 우리가 모든 계절 속에서 하나님을 만날 수 있다면, 모든 계절은 하나님 때문에 너무나 소중한

No.

계절이 됩니다. 이렇게 살아갈 때 우리는 하나님과 동행하면서 사는 것입니다.

이 책은 매일 말씀을 따라 동행하도록 돕는 큐티책 『복 있는 사람』에 정기적으로 실렸던 글을 다듬어 묶은 것입니다. 각 계절마다 주시는 메시지를 듣고 살아감으로 시냇가에 심기운 나무처럼 되기를 바랍니다. 이 책이 인생 사계절을 하나님의 말씀과 동행하며 살아가는데 필요한 도움이 되기를 소망합니다.

2007년 6월
정현구

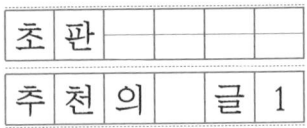

우리 모두가 아끼는 한국교회의 일꾼 정현구 목사가 『사계절을 위한 기도』란 제목으로 책을 내게 되었습니다. 정현구 목사는 내가 마치 친동생 같이 아끼는 그리스도의 일꾼입니다. 정 목사는 성실과 실력, 영성과 인격을 골고루 갖춘 신실한 일꾼이기에 출판사에서 보내 준 원고를 찬찬히 완독하였습니다. 글을 읽으며 나 자신이 큰 은혜를 받았습니다. 흔히 말하기를 목사가 목사에게서 은혜 받기가 어렵다고들 합니다. 그러나 나는 이 원고를 읽으며 깊은 은혜를 받았습니다. 저자

No.

가 평소에 갈고 닦은 깊이 있는 영성을 소박하고 진지하게 쓰고 있기 때문일 것입니다.

 이 책은 시작되는 서두에서부터 읽는 이들의 가슴에 와 닿는 글로 시작됩니다. "계절이 바뀌는 것처럼, 우리 삶도 인생의 사계절을 따라 삶의 내용이 바뀌어갑니다. 어린 시절의 봄, 청년의 여름, 장년의 가을, 그리고 노년의 겨울은 모든 사람이 살아가는 시간의 역사요 거슬릴 수 없는 흐름입니다." 한국교회는 우리 모두가 자랑스럽게 여기고 있는 교회입니다. 일컬어 한국교회는 아시아에서 기독교가 처음으로 성공한 나라의 교회라고들 합니다. 그러나 한국교회를 섬기고 있는 우리들은 그런 자랑스러움의 그늘에 가려져 있는 부족한 점을 알고 있습니다. 그런 부족한 점의 첫째가 영성의 깊이가 부족하다는 점입니다. 겉으로 왕성한 듯이 보이는 교세(敎勢)의 바탕에 참된 영성이 너무나 취약합니다.

 그런 점에서 이번에 출간되는 정현구 목사의 이 책은 한국교회 전체에 큰 보탬이 될 수 있는 책입니다. 이 책이 시중에 나오게 되면 제가 시무하는 교회인 두레교회에서는 전 교인들에게 한 가정에 한 권씩 구입하여 필수로 읽도록 장려하려 합니다. 바라기는 보다 많은 분들이 이 책을 읽으며 요즘처럼 삭막한 시절에 마음의 양식을 얻을 수 있기를 바라며 이 책을 확신을 가지고 강력하게 추천합니다. 끝으로 이 책의 출판을 맡아 준 도서출판 생명의 양식에 고마운 뜻을 표합니다.

김진홍 목사 (두레교회)

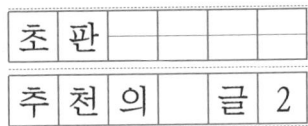
초판 추천의 글 2

　오늘 우리는 포스트모던의 시대를 살아가고 있습니다. 이 시대의 특성은 해체와 파괴입니다. 삶의 모든 영역에서 건강이 해체되고 질서가 파괴되는 시대입니다. 아름다움을 더 이상 아름다움으로 느끼지 못하는 시대를 살아가고 있습니다. 그런데 정현구목사님의 글을 읽으면서 우리는 건강과 질서의 회복을 경험합니다. 그분의 맑고 아름다운 영성의 샘을 만나기 때문일 것입니다.

분주함에 쫓기면서 여유를 상실한 현대인들에게 정 목

No.
———

 사님의 글과 책은 우리를 안식과 관조의 영성의 마당으로 초대합니다. 창조적 쉼표의 여유에 목말라 하는 성도들에게 이 책은 하나의 치유입니다. 분심과 미움 그리고 독한 마음을 내려놓고 잠시 우리의 마음을 지키는 주님의 평화를 경험하는 성도들의 모습을 보고 싶습니다. 이 책이 한국 교회 성도들의 내면을 조용히 치유하는 처방이기를 기도합니다.

 봄이 가고 여름이 오고 다시 가을이 지나면 우리는 긴 겨울의 잠에 들어가게 될 것입니다. 그 겨울의 잠이 부끄럽지 않기 위해서는 오늘의 기도가 필요합니다. 정현구목사님의 글을 읽으면서 변화하는 사계절의 의미를 읽는 더 많은 이들이 깨어나 이 짧고 덧없는 생의 주인은 우리의 주님이심을 참으로 고백하는 이들이 많아지면 좋겠습니다. 그동안 바쁘게만 세월을 달려온 친구들에게 이 한권의 책을 기쁘게 선물하고 싶어집니다.

좋은 글을 만난 기쁨으로,
안식의 둥지를 그리워하면서,

이동원 목사 (지구촌교회)

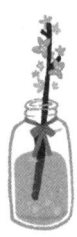

사계절을 위한 기도,
봄의 기도.

봄의 기도

마음의 땅에다
한 그루 나무를
심으십시오.
그 뿌리가
말씀과 기도의 샘 곁에
깊게 내리게 하십시오.

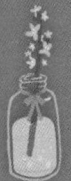

첫 번째, 봄의 기도

주여, 주어진 시간을 어떻게 살아야 하는지를 알게 해주소서. 새해가 주어지거나, 계절이 바뀔 때마다 저는 언제나 좋은 일들이 생기기를 기도했습니다. 그러다가 힘들고 어려운 일이 생기면 실망하고 좌절하곤 했습니다. 이제 제가 구한 기도의 내용이 옳지 못했음을 깨닫습니다. 좋은 일보다 좋으신 하나님을 먼저 구하게 하소서. 좋은 일이 일어날 것을 가만히 기다리기 보다는, 내가 해야 할 좋은 일을 먼저 찾아 행하게 하소서. 무엇보다 삶의 모든 일들 속에서 하나님의 선하시고 온전하신 뜻을 찾아내는 눈을 갖게 해주소서. 주님의 뜻에 합당한 기도가 저의 시간을 새롭게 풍성하게 만들 줄 믿습니다. 아멘.

봄의 기도 1

**시간을 새롭게 하려면
기도를 새롭게 하십시오**

　베틀이 씨줄과 날줄로 옷감을 짜듯이, 시간은 환경과 반응, 사회와 개인, 자연과 역사라는 씨줄과 날줄로 수많은 일들을 만들어 냅니다. 시간의 베틀이 만드는 사건들은 다양한 색깔을 지니고 있습니다. 행복한 순간들의 밝은 색깔도 있고, 불안하고 괴로웠던 시절의 어두운 색깔도 있으며, 덤덤하고 무료했던 세월의 회색 빛깔도 있습니다. 우리는 시간이 만든 이런 여러 색깔들로 이루어진 시간의 옷을 입고 삽니다.

한 해를 보내고 한 해를 맞이할 때마다 우리는 모두 환하고 밝은 아름다운 색깔로 이루어진 시간의 옷을 입고 살고 싶은 바램이 있습니다. 이 소원이 이루어지도록 결심도 하고 또 기도도 드렸습니다. 하지만 우리의 소원들이 늘 이루어지는 것은 아니었습니다. 좋은 일이 일어나기를 바라는 우리의 간절한 기대가 작년에 우리를 실망시켰듯이, 올해도 그럴지 모릅니다. 그래서 좋은 일을 주시라고 더 간절하게 기도하고 싶고, 더 뜨겁게 기도하려고 합니다. 그런데 정말 새해의 시간을 새롭게 하려면 잊지 말아야 할 것이 있습니다. 간절하게 기도하는 것보다 바른 기도를 드리는 것입니다. 인생에는 봄, 여름, 가을, 겨울의 사계절이 있습니다. 이 사계절의 시간을 참으로 새롭게 하고 풍성하게 하려면 먼저 기도를 바꿔야 합니다. 이렇게 기도하십시오.

...

먼저 지금까지 좋은 일만 구했다면, 이제부터는 좋으신 하나님을 구하는 기도를 드리십시오. 우리는 해가 바뀔 때마다, 행복한 일, 좋은 일들이 많이 많이 일어나기를 기도합니다. 시간의 광주리 속에 좋은 일들이 많이 채워지면 좋겠다는 소원을 갖습니다. 하지만 막상 연말이 되어 시간의 광주리를 열어 보면, 그 속에는 좋은 일들만 담긴 것이 아님을 발견합니다. 그것 때문에 우리의 기대가 얼마나 자주 허물어졌는지 모릅니다. 지금도 새해의 행복을 위한 '좋은 일들'이 많이 일어나기를 기도하고 계신다면, 이제는 그 기도의 내용을 바꾸십시오. 좋은 일들을 위해 기도하는 대신, '좋으신 하나님'이 이미 우리와 함께 있음을 알게 해달라고 기도하십시오. 좋은 일보다 좋으신 하나님을 구하는 기도가 더 좋고 더 바른 기도입니다. 왜냐하면 한 해를 참으로 복되게 하는 것은 좋은 일이 아니라, 좋으신 하나님이기 때문입니다. 좋은 일은 일어나기도 하고 일어나지 않을 수도 있으나, 좋으신 하나님은 항상 우리와 함께 하십니다. 우리는 좋은 일들로 인해서 행복한 것이 아니라, 좋으신 하나님으로 인해서 진정으로 행복한 것입니다. 당신이 좋으신 하나님을 구하는 기도를 먼저 드렸다면, 그 기도는 이미 당신에게 응답되었습니다. 왜냐하면 그분의 이름이 '임마누엘'(하나님이 우리와 함께 하시다)이기 때문입니다.

...

 둘째로, 지금까지 좋은 일이 일어나기를 기다렸다면 이제부터는 좋은 일을 먼저 행하는 사람이 되게 해달라고 기도하십시오. 우리는 행복을 가져다 줄 좋은 일이 일어나기를 수동적으로 기다려 왔습니다. 하지만 좋은 일이 찾아오기를 기다렸던 그 기다림이 허사로 끝난 적이 어디 한두 번이었습니까. 이제는 좋은 일이 일어나기를 구하는 대신에, 바로 지금 여기서 하나님께서 기뻐하시는 좋은 일과 행동을 능동적으로 행하십시오. 당장 좋은 일을 찾아서 행하십시오. 그런 행동이 곧 하나님께 드리는 기도가 됩니다.

 그러면 행복은 밖에서부터 나를 찾아 오는 막연한 미래에 속한 어떤 것이 아니라, 좋은 일을 행하는 이 순간 지금 이곳에서 이미 생겨나고 있는 현재의 것임을 깨닫게 될 것입니다. 좋은 일을 먼저 행하는 그런 기도는 결코 당신을 실망시키지 않을 것입니다. 그때부터 당신이 행복을 찾아 다니는 것이 아니라, 행복이 당신을 따라다닐 것이기 때문입니다.

셋째로, 내게 일어나는 모든 사건들 속에서 좋은 일을 볼 수 있는 눈을 달라고 기도하십시오. 우리가 좋은 일이 일어나기를 구할 때, 그 좋은 일이란 내가 보기에 좋다고 여기는 일이었습니다. 하지만 현재 내 눈에 좋게 보이는 일들이 앞으로도 항상 좋은 일이 될 것인지, 그 결과가 어떻게 끝이 날지는 잘 모릅니다. 좋지 않게 보였던 일이 어느 순간 좋은 일이었다고 다시 깨닫게 될지도 모릅니다. 사실 우리에게 좋은 일이 없었던 것이 아니라, 모든 사건 속에서 좋은 것을 보는 눈이 없었습니다.

세상의 많은 일들은 늘 고정된 모습으로만 있지 않고, 시간이 흐르면서 사건의 의미는 계속 바뀌는 것입니다. 그러므로 우리는 삶을 전체로 볼 수 있어야 합니다. 그렇기 위해서 삶을 높은 곳에서 멀리 보시는 하나님께 의지해야 합니다. 그분은 우리에게 일어나는 모든 일들을 좋은 일로 다시 창조하시는 분이십니다. 그러므로 결코 좌절하지 말고 내게 일어나는 모든 일들을 섭리의 눈으로 바라보아야 합니다. 그런 안목을 가지면 삶 속에 일어나는 일들이 모두 다 얼마나 소중한 선물인지 깨닫게 됩니다.

...

 한 해란 시간이 다시 주어졌습니다. 어떤 기도를 드리고 계십니까? 좋은 일들만 일어나기를 구하고 계십니까? 좋으신 하나님을 구하십시오. 좋은 일을 행하기 위한 용기를 구하십시오. 그리고 섭리의 안목을 간구하십시오. 인생의 시간에 이러한 기도를 드리면서 산다면 당신은 인생의 사계절을 살면서 환하고 밝은 시간의 옷을 입고 살게 될 것입니다. 시간을 새롭게 바꾸고 싶다면 먼저 기도를 바꾸십시오.

사계절을 위한 기도,
봄의 기도.

두 번째, 봄의 기도

주여, 삶의 회복을 위해 여러 노력을 했지만, 그런 노력들이 온전한 해답이 아님을 알게 되었습니다. 하나님을 중심에 두는 예배의 회복이 없이 삶을 바로 세우려는 노력은 결국 허사였습니다. 이제 하나님과의 관계를 먼저 바르게 세우게 해주옵소서. 하나님께서 저의 삶의 중심에서 주인이 되셔서 저의 삶을 다스려 주소서. 그리하여 저의 삶을 시냇가에 심은 나무처럼 푸르디 푸르게 회복시켜 주소서. 영과 진리로 예배 드리게 하시고, 그 예배가 저의 삶을 지켜가게 해주소서. 아멘.

봄의 기도 2

예배의 회복

모든 것에 존재 목적이 있듯이, 인간에게도 존재 목적이 있습니다. 인간의 존재 목적을 『웨스트민스터 소교리문답』은 다음과 같은 매우 짧은 한 문장으로 요약했습니다. "사람의 제일되는 목적은 하나님을 영화롭게 하는 것과 그를 영원토록 즐거워하는 것이다." 아무리 생각해도 이보다 더 명쾌하게 인간의 존재 목적을 말할 수는 없을 것 같습니다. 그런데 이 짧은 문장을 더 줄여서, 수정같이 빛나는 한 단어로 만든다면 어떤 단어가 되겠습니까? 그것은 바로 '예배'라는 단어입니다.

인간의 존재 목적은 예배자가 되는 것입니다. 우리는 스스로 존재하지 않지 않고, 하나님에 '의해서'(by) 존재합니다. 나를 위해서 존재하지 않고, 하나님을 '위하여'(for) 존재합니다. 나의 것으로 존재하지 않고 하나님의 것으로 존재합니다. 그래서 성경은 이렇게 말씀합니다. "이 백성은 내가 나를 위하여 지었나니 나를 찬송하게 하려 함이니라"(사 43:21).

이런 인간에게서 사탄이 가장 먼저 빼앗고자 했던 것이 있습니다. 선악과로 유혹하면서 사탄은 선악과를 먹으면 하나님에게서 독립하여 스스로가 선과 악을 결정하면서 살아가는 자유자(?)가 된다고 속였습니다. 이 속임수는 매우 중요한 하나를 빼앗기 위함이었습니다. 그것은 바로 인간에게 주어진 가장 놀라운 영광과 축복인 예배입니다. 사탄은 인간의 삶에서 이 예배를 빼앗아 버리면, 그 삶이 모래성처럼 서서히 침몰할 것임을 너무나도 잘 알고 있었습니다. 실제로 예배를 상실한 인간은 죄와 죽음의 종이 되었고, 하나님의 형상을 잃어가기 시작했습니다.

· · ·

C.S. 루이스(Clive Staples Lewis)가 쓴 『나니아 나라 이야기』(The Chronicle of Nania)란 동화가 있습니다. 그 나라는 봄이 없이 일년 내내 겨울만 계속되는 나라였습니다. 이 나라의 백성들은 겨울마녀의 마법을 따라 마녀를 주인으로 섬기며 살고 있었습니다. 이들은 한번도 봄을 경험하지 못한 채 차디찬 겨울의 얼음 감옥 속에서 살아가야 했습니다. 그 이유는 그 나라의 백성들이 아슬란으로 상징되는 참 하나님에 대한 예배를 빼앗긴 채 살고 있었기 때문입니다.

인간의 타락이 예배의 상실에서 왔다면, 인간의 회복은 예배의 회복에서 시작됩니다. 하나님께서는 아브라함을 갈대아 우르에서 불러 내셔서 제단을 쌓게 하시고 예배를 회복시키셨습니다. 이스라엘 백성을 이집트에서 불러내어 시내 광야에서 성막을 세워 예배하게 하셨습니다. 그리고 십계명을 주시면서 예배를 명령하셨습니다. 1계명부터 3계명까지는 참 하나님을 바르게 예배하라는 계명이고, 4계명은 예배를 위하여 하루를 온전히 구별하라는 것이었습니다. 육일 동안의 일보다 예배를 위한 온전한 하루가 더 강조된 것은 예배의 회복이 곧 육일 동안 삶의 회복을 가져오기 때문입니다. 5계명부터 10계명까지는 예배에 대한 명령입니다. 예배자로서 살아가고, 삶 속에서 "몸으로 드리는 영적 예배"(롬 12:1)가 회복되면 그 예배는 삶을 회복시키는 것입니다. 이처럼 십계명은 빼앗긴 예배의 영광과 축복을 되찾기를 바라는 하나님의 마음을 담고 있습니다.

광야를 여행하던 이스라엘 백성들의 모습을 생각해 보십시오. 행군 대열의 제일 중앙에 언제나 하나님의 언약궤가 있었습니다. 이들은 언약궤가 출발하면 출발했고, 언약궤가 멈추면 멈췄습니다. 머물 때에는 각 지파들이 동서남북에서 언약궤를 중심으로 텐트를 쳤습니다. 이렇듯 언약궤가 진영의 중앙에 있었다는 것은 예배가 삶의 중심에 있어야 한다는 것을 뜻합니다. 이스라엘 백성들이 언약궤를 중심으로 생활했을 때 그 언약궤가 그들을 지키고 인도했듯이, 예배가 삶의 중심에 있으면 그 예배가 삶을 지킵니다.

예수님께서 사마리아의 한 여인을 만나셨을 때, 그녀의 삶은 마치 버려진 휴지 조각과 같았습니다. 이런 그녀의 삶이 어디서부터 회복되기 시작했는지 아십니까?

주님께서는 그녀에게 이렇게 말씀하셨습니다. "아버지께서는 자기에게 이렇게 예배하는 자들을 찾으시느니라"(요 4:23). 주님은 사마리아 여인의 실타래처럼 꼬인 인생을, 그녀의 삶에 예배라는 잃어버린 한 가닥을 찾아주심으로 회복시키기 시작하셨습니다. 우리는 모두 예배를 위해서 창조된 존재이기 때문에 영과 진리로 예배하는 자가 될 때 삶의 회복이 시작됩니다. 이렇게 예배 안에서 이루어져 가는 회복은 마지막 날 새 예루살렘에서 있을 그 영광스러운 예배에서 완성될 것입니다.

...

하루하루를 기쁨과 감사가 넘치는 삶으로 회복하고 싶으십니까? 주일 예배를 회복해야 합니다. 가정을 견고한 반석 위에 세우고 싶으십니까? 가정 예배를 가정의 중심에 세워야 합니다. 긴 겨울을 끝내고 봄의 새싹처럼 다시 회복되는 삶을 원하십니까? 예배의 축복을 되찾아야 합니다. 우리의 존재 목적인 예배가 회복되는 그 자리에서부터 메마른 내 심령을 적실 회복의 강물이 흐르기 시작할 것입니다. 예배를 회복하심으로 삶을 새롭게 하십시오.

세 번째, 봄의 기도

　　주님은 일찍이 이스라엘 백성들의 마음에 젖과 꿀이 흐르는 가나안의 그림을 걸어 두셨습니다. 그들의 마음에 하나님 나라의 그림을 걸어 두셨습니다. 저의 마음에도 주님의 계획과 꿈이 담긴 그림을 걸어 주소서. 이스라엘 백성들이 하나님이 걸어 두신 그 그림 속에 담긴 찬란한 미래를 모르고, 또 그 안에 담긴 주님의 뜻과 계획을 잊었던 것과 같은 잘못을 저는 범하지 않도록 해주옵소서. 저의 마음에 주님이 걸어 주신 소중한 그림을 보게 하소서. 그리고 그 꿈을 이루게 하소서. 그리고 사랑하는 자녀들의 마음에도 내 욕심이 담긴 그림이 아니라, 하나님의 마음과 계획이 담긴 그림을 걸어 두게 해주소서. 아멘.

| 봄 |
| 의 |
| 기 |
| 도 |
| 3 |

마음의 화랑에 걸린
한 폭의 그림

사람마다 마음의 화랑에 하나의 그림이 걸려 있습니다. 여러분의 마음에는 어떤 그림이 그려져 있습니까? 사람마다 자기 자녀들의 마음에다 걸어주고 싶은 그림이 있는데, 그 그림은 어떤 그림입니까? 야곱은 자기의 사랑하는 아들 요셉을 위해서 기도하면서 아들의 마음에다 이런 그림을 걸어 주었습니다. 그 그림은 "샘 곁에 심긴 담을 넘는 무성한 가지"(창 49:22)라는 그림입니다. 요셉의 마음에 걸어둔 이 그림을 잘 살펴 보십시오.

이 그림의 인상적인 첫 부분은 담장 안에서 무성한 열매를 맺은 나뭇가지입니다. 사람마다 자기 인생의 담장이 있습니다. 담장은 자기와 남의 삶을 구분 짓는 일종의 보이지 않는 경계선입니다. 그 담장 안에는 성격, 가족, 친구, 환경, 소유 등과 같은 여러 인생의 조건들이 있습니다. 이것들로 우리는 모두 자기만의 독특한 삶을 이루어 갑니다. 이 조건들 중에는 마음에 들지 않는 것도 있지만, 그래도 이런 조건들을 떠나서 자신의 삶과 존재는 있을 수 없습니다. 그런 의미에서 우리는 모두 자기의 담장 안에서 한 그루 나무를 키우면서 살고 있는 존재들이라고 할 수 있습니다.

그런데 어떤 나무는 담장 안이 나쁜 조건임에도 좋은 나무로 자라고, 어떤 나무는 담장 안이 좋은 조건임에도 불구하고 나쁜 나무로 자라는 경우가 있습니다. 사람들은 담장 안에 무엇이 있느냐를 중시합니다. 소유나 직위나 재물 같은 담장 안의 여러 조건들을 비교하면서 인생의 성공 여부를 측정합니다. 하지만 중요한 것은 담장 안에 있는 여러 조건들보다 그 안에서 어떤 열매를 맺었느냐 하는 것입니다. 주님은 꽃이나 잎사귀를 찾지 않으시고 열매를 찾으시고, 그 열매로 우리를 평가하시겠다고 말씀하셨습니다(마 7:16).

...

요셉의 인생 담장 안을 들여다 보십시오. 그 안에 좋은 조건이란 것을 제대로 찾아보기가 어렵습니다. 견디기 힘든 고통스러운 조건들이 매우 많았습니다. 하지만 그는 담장 안에 있는 자신의 조건들을 탓하지 않고, 도리어 그 모든 고통의 조건들을 인생 나무를 키우는 거름으로 삼았습니다. 그리고 마침내 무성한 열매를 맺었습니다. 그의 인생 나무에 맺힌 열매는 총리라고 하는 열매도 있었습니다. 하지만 그보다 더 귀중한 열매는 인생의 역경과 고통의 긴 과정을 통해 깊이 맛이 든 성숙의 열매들이었습니다. 그는 담장 안의 모든 조건을 다 사용해서 열매를 맺었습니다. 심지어 고통이란 조건까지도 낭비하지 않았습니다.

혹시 당신은 인생의 담장 안에 있는 여러 조건들을 탓하며 시간을 보내고 있는 것은 아닙니까? 고통마저도 탐스러운 열매를 맺는데 긴요하게 사용될 수 있는 재료임을 모르고 있지는 않습니까? 만약 당신이 인생의 담장 안에 있는 모든 것을 가지고 깊은 맛이 나는 탐스러운 열매를 맺을 수 있다면, 하나님은 당신을 복되다고 선언하실 것입니다. 왜냐하면 하나님은 담장 안의 조건들이 아니라 그 안에서 맺힌 열매를 귀하게 보시기 때문입니다.

...

 이제 이 그림을 좀 더 자세히 들여다 보십시오. 열매가 무성하게 달린 그 가지들이 담을 넘고 있습니다. 그 무성한 열매는 담장 안의 사람뿐 아니라, 담장 밖의 이웃들까지도 먹여 살립니다. 요셉은 형들로 인해 생긴 인생의 고통을 도리어 거름으로 삼아 무성한 열매를 맺었고, 그 열매로 자기를 팔았던 형들을 먹여 살렸습니다. 요셉의 무성한 가지가 개인의 담을 넘고 미움의 담을 넘었던 것입니다. 사람들은 인생의 나무에 맺힌 열매들은 오직 자기만의 소유이며 자기만이 누릴 특권이라고 여깁니다. 그러나 참된 성공은 무성한 가지가 될 때가 아니라, 그 가지가 담을 넘을 때 이루어집니다. 외부의 어려운 환경을 넘어섰다고 해도, 개인주의와 이기심이란 자기 안의 벽을 넘지 못하면 참된 성공에 이르지 못한 것입니다. 하지만 자기 중심주의의 담을 넘어 자기의 열매로 남을 살린다면, 그는 진정으로 축복된 인생입니다. 요셉은 총리의 자리에까지 올랐기 때문에 축복된 인생이었다기 보다는, 그 자리에서 열매를 나눔으로 진정으로 복된 인생일 수 있었습니다.

...

이제 이 나무의 뿌리를 보실 차례입니다. 어쩌면 잘 드러나지 않는 이 부분이 이 그림의 백미라고 할 수 있습니다. 보이지 않는 이 부분이 보이는 부분보다 더 중요합니다. 나무에 열매가 무성할 수 있었던 이유는 뿌리가 샘 곁에 있었기 때문입니다. 뿌리가 나무로 하여금 차가운 겨울과 가뭄의 겨울을 이겨내게 했습니다.

담을 넘는 무성한 가지와 같은 삶은 단지 그런 삶을 꿈꾼다고 되는 것이 아닙니다. 그런 비전의 그림을 마음의 화랑에 걸어둔다고 저절로 이루어지는 것도 아닙니다. 삶의 뿌리가 샘에 언제나 닿아 있어야만 합니다. 무성한 가지가 되는 꿈은 샘 곁에 뿌리를 내린 경건한 매일의 삶의 바탕에서 이루어집니다. 내일의 비전을 참으로 소중히 여긴다면, 오늘 하루하루를 더욱 귀하게 여겨야 합니다. 매일의 영적 승리가 있을 때 내일의 비전은 이루어집니다.

...

 여러분의 마음의 화랑에 한 폭의 그림을 걸어 두십시오. 그러고 보니 땅에다 나무를 심는 봄입니다. 마음의 땅에다 한그루 나무를 심으십시오. 그 뿌리가 말씀과 기도의 샘 곁에 깊게 내리게 하십시오. 그리고 가을까지 정성스럽게 기다리면서 가꾸십시오. 담장을 넘는 무성한 가지를 보게 될 것입니다. 그런 인생의 그림이 마침내 당신의 삶에서 현실로 이루어지기를 바랍니다.

사계절을 위한 기도,
봄의 기도.

네 번째, 봄의 기도

주여, 고난 주간과 부활절을 맞이하여, 주님을 생각할 때마다 십자가의 희생을 아끼지 않으신 이유를 알게 하소서. 사람이 무엇이길래 이토록 사랑하셨는지, 사람이 무엇이길래 이토록 존귀하게 여기셨는지, 십자가에 나타난 하나님의 마음을 조금이라도 헤아릴 수 있게 하소서. 주님이 죄인된 우리를 주님의 목적으로 삼으셨다면, 저도 주님처럼 사람을 섬기는 것을 목적으로 삼게 하소서. 또 주님의 목적을 이루는 거룩한 도구가 되게 해주소서. 고난 주간과 부활절을 맞이해서 주님께서 우리 안에서 하고자 하시는 일, 우리를 통해서 하고자 하시는 일, 즉 사람을 사랑하는 일을 할 수 있게 해주옵소서. 바로 저의 곁에 있는 한 사람을 먼저 사랑하는 일에서 시작하게 해주옵소서. 아멘.

봄
의
기
도
4

사람을 최고라 하고 싶습니다

고난 주간과 부활절을 맞으면서 이런 질문들을 해보신 적이 있을 것입니다. '왜 예수님께서는 그토록 엄청난 십자가의 고통을 받으셔야 했는가?'라는 질문 말입니다. 그리고 십자가의 고통을 받고 다시 부활하신 주님을 생각하면서 이런 질문을 했을지 모릅니다. '예수님께서는 죽음을 이기신 부활의 능력을 가지고 계신데, 대체 그 엄청난 능력을 가지고 이루려고 하시는 것이 무엇인가?'

십자가를 지시고 죽으신 이유는 매우 분명합니다. 또 죽음을 이기시고 부활하신 이유도 간단합니다. 주님께서 죽으시고 또 부활하신 이유는 하나의 목적이 있었기 때문이었습니다. 그것은 다름 아닌 바로 '사람'입니다. 보다 더 구체적으로 말하자면, 지금 이 글을 읽고 있는 바로 당신입니다. 당신의 구원이 십자가에서 죽으신 이유요, 죽음을 이기고 부활하신 목적입니다. 놀랍게 들릴지 모르지만 사실입니다. 바로 나 한 사람의 구원과 변화를 위해서 예수님께서 십자가에서 죽고 부활하셨습니다. 십자가와 부활의 목적을 인류의 구원과 우주의 회복이란 교리적 언어로도 말할 수 있지만, 보다 개인적이고 인격적인 언어로 말한다면 이렇습니다.

...

십자가와 부활의 목적은 바로 당신이 구원받고 당신이 회복되고 당신이 온전한 하나님의 자녀로 세워지는 것입니다. 십자가와 부활의 목적이 확실해졌다면 이제 하나의 질문을 더 해보고 싶습니다. 그것은 그 목적을 이루기 위해서 주님이 사용하는 방법은 어떤 것인가 하는 것입니다. 아마 당신은 주님께서 죽음을 이기신 능력을 가지신 분이기에, 그 목적을 이루는 특별한 방법이 있을 것이라고 생각할지 모릅니다. 하지만 그렇지 않습니다. '사람'이라는 목적을 이루기 위해서 주님께서 사용하시는 방법은 놀랍게도 바로 '사람'입니다. 보다 구체적으로 말하자면 주님이 사용하시는 방법은 바로 지금 이 글을 읽고 있는 당신입니다.

...

 예수님께서 하셨던 사역을 생각해 보십시오. 주님께서는 이 땅에 계실 때 열두 명의 제자들을 가르치고 훈련하시는 일에 집중하셨습니다. 그리고 이들을 통해서 세계의 복음화를 이루고자 하셨습니다. 이러한 주님의 사역을 통해서 분명하게 깨닫게 되는 것은 '사람이 주님의 목적'일 뿐 아니라, 또한 '사람이 주님의 방법'이라는 것입니다. 주님께서는 자신의 위대한 목적을 기적 같은 방법으로 이루실 수도 있었지만, 그렇게 하지 않으시고 그 사명을 '당신과 나'라는 사람을 통해서 이루시려 하십니다. 우리 한 사람 한 사람이 주님의 목적이나 방법입니다. 주님은 우리를 '위해서(for)' 일하실 뿐 아니라, 우리를 '통해서(through)' 일하십니다.

고난 주간과 부활절을 통해서 주님께서 말씀하십니다. '너는 나의 목적이야. 내가 고통의 십자가를 지고 부활한 목적은 바로 너야.' 이 사랑의 말씀이 우리로 하여금 고통과 외로움을 이기게 합니다. 그리고 또 이렇게 말씀하십니다. '너는 나의 방법이야. 나는 너를 통해서 세상에 다가가고 세상을 사랑하려고 한단다. 너를 통하지 않으면 십자가와 부활을 통해서 보여주려고 했던 그 사랑을 보여줄 수 없어. 그만큼 너는 나에게 소중한 존재야. 이것을 알고 있니?' 이 말씀이 우리에게서 존재 가치를 일깨웁니다. 정돈화 목사님이 쓴 시 중에 이렇게 시작하는 시가 있습니다.

> "목수는 나무가 최고라 하고
> 석수는 돌이 최고라 하지만
> 목사는 사람이 최고라 하고 싶습니다."

저는 목사라는 단어의 자리에 당신의 이름을 넣어 보라고 권하고 싶습니다. '나는 사람이 최고라 하고 싶습니다.' 사실 주님께서는 언제나 사람이 최고라 하며 사셨습니다. 주님은 우리가 주님처럼 사람을 최고로 생각하면서 살아가는 사람이 되기를 원하시기 때문입니다.

...

 고난 주간과 부활절을 맞이하여 무엇을 생각하십니까? 주님의 고통을 생각한다는 것은, 곧 주님께서 그러한 고통의 대가를 지불하신 사람의 의미와 가치를 다시 생각한다는 것을 포함합니다. 사실 우리는 주님이 그런 희생을 지불할 만큼의 대단한 존재가 결코 아닙니다. 주님께서 사랑으로 우리를 소중히 여기셨기에, 우리는 존귀한 존재로 여김을 받게 되었을 뿐입니다. 예수님께서 십자가에서 죽어 마땅한 죄인이 되신 것은, 우리들이 예수님처럼 존귀한 하나님의 아들이 되게 하기 위함이었습니다. 이는 우리에게는 엄청나게 축복된 교환이었습니다. 이는 다 주님께서 아무 것도 아닌 저와 여러분들을 최고로 여기셨기 때문입니다. 모든 것이 은혜입니다.

...

 고난 주간과 부활절이 하나의 형식적인 절기가 아니면 좋겠습니다. 예수님이 그러셨던 것처럼 우리도 사람을 최고로 여기면 좋겠습니다. 또 우리는 사람을 섬기는 주님의 도구와 방법이 되겠다고 결심하면 좋겠습니다. 이것이 고난을 당하시고 부활하신 주님께서 원하시는 것입니다. 당신의 삶에서 무엇이 최고입니까? 당신은 무엇을 최고로 여기면서 살고 있습니까?

사계절을 위한 기도,
봄의 기도.

다섯 번째, 봄의 기도

주여, 매년 봄이 오면 온 세상의 만물이 춤추며 소생하는 것을 봅니다. 하오나 저의 영혼에는 아직 그런 환희의 봄이 오지를 않았습니다. 계절은 사월이지만, 저의 마음의 계절은 아직 겨울입니다. 아직도 죄와 교만의 껍질, 옛 자아의 껍질을 깨뜨리지 못한 채 겨울의 땅에서 잠자고 있습니다. 씨앗이 두드리며 깨우는 봄비의 노크 소리를 듣듯이, 저도 문 밖에 서서 두드리는 주님의 노크 소리를 듣게 하소서. 그리고 깊은 겨울 잠에서 깨어나게 하소서. 사월의 기쁨이 자연에게만 오게 하지 마시고, 저의 심령에게도 오게 하소서. 저의 삶에 찬란한 봄의 환희를 주소서. 아멘.

봄
의
기
도
5

사월의 소리

사월이 되면 언제나 떠오르는 유명한 시가 있습니다. 그것은 T. S. 엘리엇(Thomas S. Eliot)의 『황무지』(The Waste Land)라는 시입니다. 이 시는 '사월은 가장 잔인한 달'이란 말로 시작합니다. 사월은 일년 중에 생명의 기운이 가장 힘차게 약동하는 계절인데, 시인은 바로 그 사월을 '가장 잔인한 달'이라고 불렀습니다. 왜 그랬을까요? 여기에 시인의 매우 날카로운 통찰이 담겨 있습니다. 시인은 사월의 자연을 통해서 인간의 존재를 보았던 것입니다.

...

봄의 하늘에서 비가 내렸습니다. 봄비는 하늘 구름에서부터 내려와 땅 깊숙한 곳까지 여행을 했습니다. 봄비는 땅 속 깊은 곳까지 내려가, 그 속에 잠자고 있는 씨앗을 방문해서 그 씨앗의 문을 두드렸습니다. 그리고 높은 하늘에서부터 땅 속까지 여행하면서 보고 들었던 것을 조용히 속삭이며 말했습니다. 하지만 씨앗은 태양과 바람과 꽃과 나무에 대한 봄비의 말이 무엇인지 알아듣지 못했습니다. 그것은 모두 씨앗이 상상조차 하지 못했던 것이었기 때문입니다. 씨앗은 언제나 껍질 안이 우주의 전부인 것처럼 믿어 왔습니다. 마치 아기가 어머니 뱃속을 전부로 생각하듯 말입니다. 만약 봄비의 말처럼 이 세상은 매우 넓고 높으며 그 속에 하늘, 바람, 태양, 여러 꽃이 있다고 하면, 씨앗은 그것을 보기 위해 지금까지 자기의 우주인 껍질을 깨뜨리고, 그를 지켜주었던 매우 익숙한 집과 같은 껍질을 버려야만 합니다. 이것은 씨앗에게는 매우 힘든 결단이며 전 존재를 건 모험이 아닐 수 없었습니다. 씨앗은 껍질 안에 계속 머물 것인지, 아니면 봄비가 말한 그 아름다운 세계를 보기 위해서 껍질을 깨뜨려야 할 것 인지를 고민하다, 마침내 모든 불안을 떨치고 드디어 껍질을 깨뜨렸습니다.

껍질을 깨뜨리는 순간, 매우 차갑고 깜깜한 세계가 그에게 다가왔습니다. 두려웠습니다. 하지만 그는 매우 낯선 그 세계를 향하여 조금씩 조금씩 여린 손을 펴서 더듬어 올라가기 시작했습니다. 얼마의 시간이 흘렀을까요? 씨앗은 자기 손을 흔들며 부는 어떤 것을 느끼기 시작했습니다. 자기 위로 따뜻한 감촉이 되어 내려오는 어떤 체온 같은 것이 있음을 알게 되었습니다. 바람이며 햇빛이었습니다. 점점 더 대지 위로 올라가자, 새소리들이 들렸고, 물이 노래하면서 그의 곁을 흘러가고 있는 것을 보게 되었습니다.

이제 씨앗은 이렇게 말하지 않을 수 없었습니다. '그래 봄비의 말이 맞았어. 만약 봄비의 말을 듣지 않고 여전히 껍질 속에서 머물러 있었다면, 이 넓고 환한 세상을 볼 수 없었을 거야. 그리고 내 속에 이런 아름다운 새싹의 모습이 있는지 결코 몰랐을거야. 봄비에게 고맙다는

말을 전해야지.'

...

 이런 봄비와 씨앗의 이야기는 바로 사람들의 이야기입니다. 사람들은 하나님께서 그 속에 두신 모든 가능성을 다 성취하지 못한 채로, 여전히 죄와 사망의 법 아래서 살고 있는 존재입니다. 그런 점에서 온전한 생명이 아니라 반쪽 생명의 씨앗과 같습니다. 씨앗으로 살아가는 우리들은 다들 우리를 둘러싸고 있는 단단한 껍질을 가지고 있습니다. 나의 죄와 고집이란 껍질, 나의 생각과 고정 관념이란 껍질, 나의 편견과 습관이란 껍질 안에서 삽니다. 그리고 그 껍질 밖을 보지도 알지도 못하기에, 자기가 아는 껍질 안이 전부이며 우주라고 믿고서 그 껍질을 지키려고 합니다. 하지만 우리들이 껍질 안에 계속 머문다면, 우리는 영영 우리 속에 담긴 나무의 꿈을 펼칠 수 없을 것입니다. 꽃의 아름다움도 우주의 경이로움도 경험할 수 없을 것입니다. 우리의 생각과 관점에 갇혀서, 하나님께서 그리스도 예수를 통해서 말씀하신 그 영생의 세계는 영영 모르게 될 것입니다.

...

 씨앗이 껍질 안의 작은 세계를 버리자 껍질 밖의 더 큰 세계를 보게 되었다는 것을 기억하십시오. 자신의 좁은 세계를 넘어서야 넓고 높은 세계를 보게 됩니다. 씨앗이 껍질을 버릴때 나무로 다시 살아났습니다. 껍질을 깨뜨린 것은 씨앗이 죽은 것이 아니라 사실 나무로 다시 태어나는 부활이었습니다. 껍질을 깨뜨림으로 꽃과 나무로 다시 태어나는 씨앗의 부활이 온 천지에서 일어나고 있습니다. 이것이 사월의 위대한 영광이요 아름다움입니다. 하지만 사월을 살아가는 존재 중에서 유독 인간에게만 그런 일이 일이 일어나지 않고 있습니다. 자연은 사월에 부활의 환희를 노래하지만, 인간은 여전히 겨울의 세계에 머물러 있습니다. 그들은 봄비이신 그리스도의 소리를 듣지 않고, 여전히 자기의 껍질 안에 머물러 있습니다. 옛 자아를 버리지 않기에, 그리스도 안에 주어진 새로운 자아를 만나지 못하고 있는 것입니다.

 사월의 자연은 우리에게 계속 말하고 있습니다. 만약 그 사월의 소리를 듣지 못한다면, 자연에는 사월이 왔지만 우리에게는 사월이 아직 오지 않는다고 말입니다. 사월이 자연에게는 기쁨과 해방의 달이지만, 인간에게는 잔인한 달일 수 밖에 없다고 말입니다.

...

자연에 봄이 왔다면, 우리의 영혼에도 봄이 와야 합니다. 사월의 자연이 아름다운 합창으로 외치는 이 노래 소리를 우리의 영혼도 노래해야 합니다. 예수 그리스도의 부활은 우리들의 삶을 일깨우는 봄비입니다. 봄비의 말을 들으십시오. 껍질을 깨뜨리고 나오십시오. 부활이신 그리스도를 향하여 오십시오. 온 세상에 임한 사월의 기쁨이 당신에게도 올 것입니다. 자연이 노래하는 그 환희의 송가가 당신의 영혼에서도 울려 나올 것입니다. 사월이 당신에게 '가장 잔인한 달'이 아니라 '가장 축복된 달'이 되기를 바랍니다.

사계절을 위한 기도,
봄의 기도.

여섯 번째, 봄의 기도

주여, 우리 부부의 만남을 축복해주소서. 부부를 향하여 '둘이 하나가 될지라'고 축복하신 하나님, 우리 부부를 깊은 연합으로 이끌어 주소서. 우리 두 사람을 평생 사랑하는 연인으로, 둘도 없는 친구로, 그리고 인생의 뜻을 함께 이루어가는 동지로 그렇게 살게 하소서. 하나님께서 맺어 주신 만남을 잘 가꾸어 감으로, 가정의 정원에 기쁨과 행복과 감사와 사랑의 꽃이 피게 하소서. 우리 부부를 불처럼 물처럼 그리고 바람처럼 서로 섬기고 사랑하며 살도록 축복해주소서. 아멘.

봄
의

기
도

6

불, 물 그리고 바람

　인생은 만남입니다. 우리는 모든 만남을 소중히 여겨야 하지만, 특히 부부의 만남을 더욱 소중히 여겨야 합니다. 이 만남은 하나님께서 주신 축복이지만, 이 주어진 축복은 우리들이 잘 가꿀 때 그 축복이 유지되고 더 풍성해집니다.

　부부는 평생 사랑해야 할 연인으로 만났으며, 또 인생을 함께 걸어가야 할 친구로 만났으며, 함께 뜻을 이루어가야 할 동지로 만난 것입니다. 이러한 부부의 만남을 잘 가꾸어 가려면, 두 사람의 만남을 묶고 있는 세 가지 관계를 튼튼하게 해야 합니다. 두 사람을 하나되게 하는 연인의 관계, 친구의 관계, 동지의 관계가 늘 사랑 안에서 유지되어야 합니다.

이 세 가지 관계는 각각 불과 물과 바람에 비유할 수 있습니다. 연인의 관계는 불이며 친구의 관계는 물이고, 동지의 관계는 바람입니다. 두 사람은 불처럼 뜨겁게 혹은 따뜻하게, 물처럼 다정하게 혹은 자연스럽게, 바람처럼 힘있게 혹은 신나게 유지되어야 합니다. 이렇게 두 사람 사이에 '불, 물, 그리고 바람'의 관계가 잘 유지될 때 행복이 깃들게 됩니다. 그런 만남이 되기를 축복합니다.

· · ·

서로가 서로에게 따뜻한 모닥불이 되십시오.

이 세상은 사랑하는 사람이 없이 살아가기에는

너무나 차갑고 외로운 곳입니다.

수많은 남자들 중에서 오직 당신,

수많은 여자들 중에서 오직 당신,

이제 서로는 서로에게 그런 존재가 되었습니다.

여러분들은 서로에게 유일한 연인입니다.

여러분은 서로 이 차가운 세상에서

상대를 따뜻하게 해주면서 살아가십시오.

그러면 이 세상이 참 행복한 곳이 됩니다.

여러분은 서로에게 불꽃입니다.

…

서로가 서로에게 깊은 강물이 되십시오.

인생의 긴 여정을 걸어 갈 때

같이 더불어 이야기하면서 걸어갈 친구가 없다면

이 세상은 정말 너무나 고독한 곳입니다.

수많은 사람들 중에서

당신과 나는 가장 가까운 "나와 너."

당신이 먼저 상대에게 진정한 친구가 되세요.

조용히 흐르는 강물처럼 상대에게 다정하고

진실한 말을 건네주세요.

깊은 강물처럼 상대방의 말을 다 듣고

가슴에 담아주세요.

그러면 이 세상은 참 즐거운 곳이 됩니다.

여러분은 서로에게 강물입니다.

...

서로가 서로에게 부는 바람이 되십시오.

한 세상을 살아가면서

도와주고 힘이 되어주는 사람이 없으면

이 세상에서 지쳐서 쓰러지지 않을 사람은 없습니다.

힘을 북돋아주고 격려해 주세요.

여러분들은 서로가 뜻을 같이 하고 꿈을 나누는

진정한 동지며 동역자가 되세요.

어떤 때는 땀을 씻어 내리는 시원한 바람으로

어떤 때는 지친 몸을 일으켜 세우는

힘센 바람으로 다가가 주세요.

지쳤을 때 기운을 불어 넣어주는

생명의 바람과 호흡이 되세요.

그러면 이 세상은 참 신나는 곳이 됩니다.

여러분은 서로에게 바람입니다.

…

불처럼 뜨겁게 혹은 따뜻하게

물처럼 다정하게 혹은 자연스럽게

바람처럼 힘있게 혹은 신나게

그렇게 살아가십시오.

여러분의 소중한 만남과 가정에

불 같은 따뜻함과 물 같은 자연스러움과

바람 같은 신나는 재미가 있으면

천국은 바로 그곳에 이미 와 있습니다.

…

그런데 이 모든 것은 인간의 힘과

인간의 사랑만으로는 안됩니다.

인간 속의 불은 타다가 꺼지고

인간 속의 강물은 흐르다가 마르고

인간 속의 바람은 불다가 그칩니다.

그러나,

서로가 하나님의 불꽃 같은 사랑 안에 있을 때

서로가 하나님과의 깊은 강물 같은 교제 안에 있을 때

서로가 하나님의 강한 바람 같은 능력 안에 거할 때

불, 물, 그리고 바람이 이루는 가정이 이루어집니다.

...

이러한 가정이 되시길 바랍니다.

수많은 사람들의 축하를 받으면서

이루어진 만남

두고두고 축하할 만남이 되도록

서로 노력하고 하나님을 의지하십시오.

만남을 축복합니다.

당신의 가정을 축복하고 싶습니다.

사계절을 위한 기도,
봄의 기도.

일곱번째, 봄의 기도

　주여, 주님께서는 우리의 가정에서 연주되는 음악을 매일매일 듣고 계십니다. 어떤 때에는 잠시도 들을 수 없는 불협화음이 들립니다. 하지만 주님은 끝까지 인내하며 들어주셨습니다. 그리고 우리가 서로 내는 소리들이 하나의 화음이 되어 가도록 우리들을 가르치셨습니다. 화해하고 용서하고 이해하며 살아가는 법을 가르치셨습니다. 제가 먼저 바뀌고, 제가 먼저 조금씩 회복되는 만큼 가정에서 화목과 사랑의 소리가 나오게 됨을 알게 해주셨습니다. 주여, 우리 가정이 가장 존귀하신 관객이신 주님 앞에서 최고의 멋진 음악을 연주해 드리는 가정이 되게 해주소서. 우리 가정이 만드는 음악을 주님께서 즐겨듣고 싶어 하는 음악 목록에 올려주시면 좋겠습니다. 그렇게 되도록 최선을 다해서 행복을 연주하겠습니다. 주님, 우리를 도와주옵소서. 그리고 자주 들어주옵소서. 아멘.

봄
의
기
도
7

행복을 연주하는 가정

알프스 호반을 배경으로 한 『사운드 오브 뮤직』이란 영화가 있습니다. 음악을 아는 사람이 인생을 알고, 또 그런 사람이 인생을 음악처럼 만들 수 있다는 내용의 영화입니다. 일곱 명의 아이들이 일곱 개의 음표가 되어 아름다운 화음의 소리를 만들면서, 음악 같은 삶을 이루어갔던 이 영화의 아름다운 장면들이 마음 속에 깊은 여운으로 남아 있습니다.

사람들은 저마다 독특한 자기의 소리를 가지고 있습니

다. 이 소리들이 다른 소리와 잘 어울리면 깊고 풍성한 화음을 만들어 낼 수 있습니다. 여러 가지 색깔들이 함께 조화롭게 잘 어우러지면 기념비적인 예술 작품이 됩니다. 소리가 소리를 창조하고, 색채가 색채를 만들어 내는 화음과 조화의 원리는 사람들이 행복을 만들어가는 원리를 닮았습니다.

 서로 다른 두 사람이 함께 만나 가정을 이루는 것은 마치 두 개의 다른 음과 다른 색이 만나는 것과 같습니다. 어떤 만남은 듣기 싫은 불협화음을 만들다가 깨어지는가 하면, 어떤 만남은 계속 듣고 싶은 사랑의 화음을 만들면서 더 아름다운 하나가 됩니다. 행복은 서로 다른 음들이 만나 행복한 화음을 만드는 바로 그 곳에 있습니다.

...

 결혼하여 가정을 이루면서 두 남녀는 이중창을 시작하게 됩니다. 가정에 아기가 태어나면서 이중창은 삼중창이 되고 또 사중창으로 발전합니다. 이에 부모와 친지와 친구들이 참여하면서 중창이 합창이 됩니다. 중창과 합창으로 부르는 노래 속에 풍성하고 아름다운 화음이

들려야 합니다. 그러면 그들은 행복을 연주하고 있는 것입니다. 모든 가정들이 매일 행복의 음악을 연주하면 좋겠습니다.

 이런 가정이 되고 싶다면 먼저 서로가 동일한 악보를 들고 있는지 확인하십시오. 아무리 두 사람이 개인적으로 노래를 잘한다고 해도, 들고 있는 악보가 서로 다르면 화음을 만드는 것은 불가능합니다. 동일한 악보란 같은 인생의 궁극적 목적을 뜻합니다. 각자 하는 일이 다양하고 그에 따른 구체적인 목표는 다르지만 삶의 궁극적인 목적과 가치관은 같아야 합니다. 그렇지 못하다면 두 사람은 몸은 한 집에 같이 있으나 마음은 따로 있는 것이며, 한 길을 같이 걸어가는 것 같으나 사실은 서로 다른 인생의 길을 걸어가고 있는 것입니다. 겉으로는 하나의 노래를 부르는 것 같으나 두 개의 노래 소리가 들릴 수 밖에 없습니다. 그러므로 동일한 악보를 들어야 합니다. 성경은 인생의 참된 가치와 궁극적인 목적의 곡조가 담겨 있는 인생의 악보입니다. 행복을 연주하는 가정이 되고자 한다면 가족 모두가 이 악보를 들고 함께 노래를 불러야 합니다.

동일한 악보를 가졌다고 반드시 행복의 화음이 나오는 것은 아닙니다. 유능한 지휘자가 필요합니다. 같은 악보를 가졌다고 해도 좋은 지휘자의 지도가 없으면 아름다운 화음을 만들어 낼 수 없습니다. 같은 악보로 부른다고 해도 누가 지휘하느냐에 따라 연주되는 음악이 달라지기 때문입니다.

 종종 남편이나 아내가 서로 가정의 지휘봉을 들려고 하는 경우가 있습니다. 그러나 서로는 가정을 지휘할 만큼 충분히 지혜롭지 못합니다. 상대를 잘 알고 있는 것 같으나 그렇지 못하며 자기를 충분히 절제하지도 못합니다. 그래서 가족을 잘 지휘할 수 있다고 지휘봉을 잡지만 곧 능력 부족으로 판명되고 맙니다. 가정의 지휘봉은 예수님께서 잡으셔야 합니다. 예수님께서 가족 모두의 장점과 단점, 개성과 잠재력과 가능성을 누구보다 잘 아십니다. 각자의 소리들을 어떻게 하면 잘 다듬어 갈 수 있으며, 어떻게 하면 다른 소리들과 화음이 되는지도 잘 알고 계십니다. 예수님의 지휘봉 끝에서 가족 모두의 소리들이 다듬어져 갈 때, 행복의 화음은 더 풍부해져 가는 것입니다.

그런데 여기서 잊지 말아야 할 것이 있습니다. 그것은 이런 화음을 위해서는 기다림과 인내가 필요하다는 것입니다. 아름다운 화음은 한쪽 소리만 바꾼다고 되지 않습니다. 서로가 자신을 다듬어가고 변화시켜가야 합니다. 나 자신의 소리를 다듬기 위해서 시간이 필요한 것처럼 상대의 소리를 다듬는데도 시간이 필요합니다.

...

예수님은 우리가 성숙하기까지 인내하면서 끝까지 기다리십니다. 하지만 우리들은 종종 잘 참지 못합니다. 자기도 성숙하지 못하면서 상대의 미성숙을 참지 못하고, 자기는 바뀌지 않으면서 상대가 바뀌지 않는다고 화를 냅니다. 그런가 하면 상대를 어떻게 행복하게 해줄까를 생각하기 보다는 상대가 왜 나를 행복하게 해주지 못하는가를 생각합니다. 이런 자기중심적 태도를 가지고 노래를 부르면 행복의 화음이 만들어질 수가 없습니다. 한편 자기를 다듬어 가면서 또 한편 상대의 성숙을 기다려주는 인내가 있을 때 그 가정에는 행복의 화음이 날이 갈수록 더 깊어져 가는 것입니다.

· · ·

 가족은 모두 사랑과 행복의 음악을 연주하는 가족 중창단의 한 구성원입니다. 여러분의 소리가 행복의 화음을 만드는 소리인지 생각해 보십시오. 매일매일 여러분의 가정에서 연주되는 음악이 하나님께 어떻게 들리는지 묵상해 보십시오. 예수님께서 여러분의 가정에서 연주되는 행복의 음악을 들으실 수 있다면 이 얼마나 축복된 일이겠습니까! 이웃이 여러분의 가정에서 아름다운 행복의 음악을 듣는다면 얼마나 감사한 일이겠습니까! 성경이란 악보를 들고 하나님의 지휘를 따라 온 가족들이 행복을 연주함으로, 여러분의 가정에서 행복의 소리가 멀리멀리 울려 퍼지면 좋겠습니다.

사계절을 위한 기도,
봄의 기도.

여덟번째, 봄의 기도

주여, 이 세상이 아무리 발전하고 그 안에서 문명의 혜택을 누리며 산다고 해도, 가정의 행복이 없이는 참된 행복이 없음을 다시 한 번 더 깨닫게 하시니 감사합니다. 하오나 저희 가정의 관계들에 금이 가 있고, 그것 때문에 아픔들이 있습니다. 이 땅 위의 에덴동산으로 주신 우리 가정을 행복하게 가꾸어 갈 수 있도록 힘을 주소서. 특별히 관계를 소중히 가꾸어 가되, 부부가 하나님 안에서 건강한 관계를 유지하는 법을 알려주소서. 또 서로 간에 말이나 행동에 특별히 주의하게 하소서. 가족들이 하는 일마다 보람이 있게 하소서. 우리 가정을 이 땅의 행복동산으로 만들어 주소서. 아멘.

봄
의
기
도
8

행복의 조건

에덴동산은 하나님이 땅 위에 만드신 가장 아름다웠던 낙원입니다. 그 동산의 이름 '에덴'은 기쁨과 행복이란 뜻을 지니고 있습니다. 바로 이곳에 하나님이 최초의 인간을 두셨습니다. 하지만 아담은 그 동산에서 기쁨과 행복을 충분히 느끼지 못했습니다. 무엇이 더 필요한지를 아셨던 하나님은 아담을 위해 하와를 주셨고 한 가정을 이루게 하셨습니다. 비로소 아담은 행복의 동산에서 행복을, 기쁨의 동산에서 기쁨을 맛보게 되었습니다. 창세기에 기록된 이 이야기는 행복의 조건이 무엇인지 알려줍니다. 행복의 첫째 조건은 에덴동산과 같은 최상의 외적 환경이 아니라, 사랑이 있는 행복한 가정입니다.

...

 인류의 기술 문명이 발전하여 세상은 아무런 불편함이 없는 현대판 에덴동산처럼 바뀌어져 가는 것 같습니다. 그러나 아무리 문명이 발전해도 행복한 가정이 없다면 누구도 세상 속에서 참된 기쁨과 행복을 누릴 수 없습니다. 가정이야말로 행복동산 안의 행복이며, 기쁨동산 안의 기쁨이기 때문입니다.

 가정이 이런 의미를 지니고 있으나 많은 이들이 가정 안에서 행복과 기쁨을 누리지 못하고, 가정에서 오히려 행복을 잃어버리는 슬픈 실락원의 좌절을 겪는 사람도 있습니다. 우리는 모두 가정 안에서 에덴을 회복하는 복락원의 여정을 걷는 사람, 행복이 저 멀리 어떤 곳에 있다고 누군가 말할 때 그 행복을 가정에서 맛보고 있다고 말할 수 있는 사람이 되어야 할것입니다. 이것이 하나님의 뜻입니다. 하지만 이런 가정을 이루는 것은 단지 기대나 소원만으로는 되지 않습니다. 하나님이 정하신 행복의 조건을 알고 살아갈 때, 가정이 행복과 기쁨의 자리, 즉 에덴이 될 수 있습니다. 그러면 가정을 에덴으로 만드는 행복의 조건이 무엇일까요?

...

첫째 조건은 관계입니다. 세상은 행복의 여러 조건들이 있다고 말하지만 행복에서 관계만큼 중요한 것은 없습니다. 가정의 행복을 위한 부부간의 관계의 중요성은 아무리 강조해도 지나치지 않습니다. 하지만 이 관계가 늘 좋은 상태로 유지되지는 않습니다. 연약한 인간이기에 불꽃처럼 타오르기도 하다가 얼음처럼 싸늘해지기도 합니다. 공기처럼 가볍다가 돌처럼 무겁게 되기도 합니다. 그래서 부부는 서로의 관계를 늘 점검해야 합니다. 부부는 남녀로 만났기에 서로가 유일한 연인의 관계를 유지하고 있는지를 확인해야 합니다. 또 평생 친구로 만났기에 지금도 가장 깊은 이야기를 서로 간에 나누고 있는 친구의 관계인지를 물어야 합니다. 또 동지로 만났기에 여전히 서로의 뜻을 잘 이해하고 기쁘게 서로를 섬기는 동지의 관계에 있는지를 점검해야 합니다. 이런 세 가지 관계를 잘 유지하고 있다면 그 가정은 행복의 중요한 조건을 갖춘 셈입니다. 이런 부부간의 관계 외에도 우리는 부모와의 관계와 친척들과의 관계를 소중히 세워 가야 합니다.

그러나 무엇보다 중요한 관계가 있습니다. 그것은 하나님과의 관계입니다. 이 관계는 모든 관계의 기초가 됩니다. 사람들이 맺고 사는 관계들의 모습은 다양하여, 어떤 것은 두 사람이 일대일로 만나는 일직선 모양의 관계도 있고, 어떤 것은 여러 사람이 함께 얽혀져서 만드는 그물 모양의 관계도 있습니다. 부부의 관계가 일직선의 관계가 되어 서로가 자기의 관점에서 상대를 보고 평가할 때가 있습니다. 이럴 때 상대의 허물이 잘 보이고, 오해를 하며 갈등 속에 빠지기 쉽습니다. 그런가 하면 부부 관계가 양가 가정의 여러 관계들과 함께 엮이면서 그물의 관계가 될 수도 있습니다. 이럴 때는 서로의 관계가 매우 복잡해질 수도 있습니다.

…

그러나 부부 관계는 두 사람만의 일직선 관계나, 여러 사람이 함께 얽힌 그물관계가 아닌, 함께 하나님을 같이 올려다 보는 삼각형 모양의 관계가 되어야 합니다. 부부가 서로를 직접 바라보기만 할 것이 아니라 늘 하나님을 함께 올려다 봐야 합니다. 하나님을 통해서 상대를 바라 보도록 노력해야 합니다. 그러면 이전에는 상대의 약점이 잘 보였지만, 상대의 장점이 보이기 시작하고, 이전에는 자기 입장만 변호하려고 했지만 상대의 입장이 보다 잘 이해됩니다. 또 자기의 부족함이 보여 더 겸손하게 됩니다. 그러므로 행복한 부부의 관계를 위해서 두 사람의 하나님과의 관계가 중요한 것입니다. 서로를 더 사랑하려면 반드시 서로가 하나님을 더 많이 사랑해야 합니다.

...

행복한 가정을 위한 또 하나의 조건이 있다면 그것은 규칙과 원칙입니다. 에덴동산이 행복의 장소라고 해서 아무런 원칙이나 규칙이 없는 곳은 아니었습니다. 그곳에도 선악과를 먹지 말아야 한다는 엄격한 규칙이 있었습니다. 이 규칙이 지켜질 때 그곳의 행복은 유지될 수 있었습니다. 가정도 마찬가지입니다. 가정에서도 해야 할 원칙과 금해야 할 규칙이 있는데, 이것이 무시되면 결코 행복의 꽃이 필 수 없습니다. 서로의 인격에 상처가 되는 말과 행동을 삼가야 하고, 서로 상대를 가장 소중한 존재로 대우해 줄 수 있어야 합니다. 부부의 신의를 서로 철저하게 지켜야 합니다. 이런 가정의 기본적 규칙이 지켜질 때 행복이 유지됩니다. 이런 원칙이 깨어지면 그 순간부터 가정은 복락원의 길이 아니라 실락원의 길을 걷게 됨을 잊지 마십시오.

…

행복한 가정을 위한 또 하나의 조건은 보람있는 일입니다. 에덴동산은 아무런 할 일도 없이 마냥 편하게 놀 수 있는 곳이었기 때문에 행복 동산인 것은 아니었습니다. 에덴동산에도 해야 할 일이 있었고, 그 일들이 아담을 그곳에서 행복하게 살게했습니다. 행복은 보람있는 일을 하면서 살 때 주어집니다. 나의 하는 일이 남을 행복하게 하고 이웃의 얼굴에 웃음을 가져다 줄 때, 온 식구가 깊은 보람과 행복감에 젖어 들게 됩니다.

행복한 가정을 이루는 것은 세상의 그 어떤 일과 비교할 수 없을 정도로 가치 있는 일입니다. 한 사람에게 평생 유일한 남자와 여자가 된다는 것, 그리고 자녀들에게 가장 중요한 사람이 된다는 것이 어찌 작은 일이라고 할 수 있겠습니까! 아니 이것은 하나님께서 우리에게 주신 하나의 거룩한 소명이기도 합니다. 왜냐하면 이 세상의 회복과 구원은 각 가정이 에덴동산으로 회복되는 것을 떠나서는 결코 가능하지 않기 때문입니다. 그러므로 이 땅에서 하나의 행복한 가정을 만든다는 것은 그 한 가족의 행복으로 그치지 않습니다. 그것은 곧 세상을 아름답게 만드는 것입니다.

...

당신 가정이 이 세상 속의 에덴동산이 되기를 바랍니다. 당신 가정이 세상을 아름답게 만드는 하나님의 축복의 통로가 되기를 축복합니다. 하나님께서 주신 축복의 정원을 아름답게 가꾸어가기를 바랍니다.

아홉번째, 봄의 기도

주님, 지금 이곳에서 내가 하는 말 한마디, 행동 하나가 결코 작은 일이 아님을 깨닫지 못하고 낭비하며 살았습니다. 작은 일을 큰 일처럼 생각하며 살게 하옵소서. 내게 찾아오는 작은 만남과 시간을 소홀히 여기지 않게 하옵소서. 내게서 일어난 작은 변화가 큰 변화를 만들어냄을 알고 작은 일 하나도 소중히 여기게 하옵소서. 아멘.

| 봄 |
| 의 |
| 기 |
| 도 |

9

오늘, 생애 최고의 순간

　개의 목줄이 너무 짧아?
그러면 좀 늘이면 되잖아!

　그러면 개는 그늘에 들어갈 수 있을 테고
그늘에 드러누워서 짖기를 멈추겠지.
그러면 조용해지면

　엄마는 거실에 새장을 걸어 놓고 싶었다는 게
기억날 거야.
카나리아가 노래를 불러주면

엄마는 다림질을 더 많이 할 수 있을 테고
새로 다린 셔츠를 입고 출근하는 아빠는
어깨가 조금 덜 쑤시겠지.

퇴근 후에 집에 돌아온 아빠는 예전처럼
십대인 누나와 TV를 보면서 농담을 할 거야
그러면 누나는 큰 맘 먹고 이번 한번만
남자 친구를 다음 가족 외식 때 데려가 보자고
결심할지도 몰라.

아빠는 저녁식사에 동석한 그 젊은 친구에게
언제 한번 낚시나 같이 가자고 하시겠지.

그냥 줄을 길게 늘여보는 거야
누가 알겠니?
하나를 바로 잡으면
다른 변화가 천 개쯤 이어질 거야.*

하나의 작고 사소한 사건 하나가 나중에 커다란 효과를 가져옵니다. 초기 조건의 미세한 차이가 시간의 흐름에 따라 점점 커져 그 결과에 엄청나게 큰 차이를 발생시킵니다. "브라질의 나비 한 마리가 날갯짓을 하면

---

* 존 버거 『여기, 우리가 만나는 곳』 재인용, 『EBS 지식채널ⓔ』 4권, 31–34.

미국 텍사스에 토네이도가 발생할 수 있다!" 한 마리 나비의 날갯짓이 만드는 작은 미풍이 넓은 지역을 휩쓰는 태풍이 될 수 있습니다.

지금 이곳에서의 생각의 작은 변화는 그것으로 끝나지 않습니다. 여기서의 말 한마디의 변화나 행동의 변화도 그 하나로 그치지 않습니다. 결과를 만듭니다. 그 결과가 또 다른 결과를 연쇄적으로 만들어갑니다. 신앙적 생각 하나, 겸손한 말 한마디, 희생적인 행동 하나는 나비의 날갯짓이 됩니다. 힘없는 한 마리의 나비에 불과하다고? 할 수 있는 것이라곤 연약한 날갯짓밖에 없다고? 그렇게 생각할 수 있습니다. 그러나 그 날갯짓이 만드는 결과를 생각하십시오. 작은 미풍이 만들 수 있는 강풍을 상상해 보십시오.

"너희는 먼저 그의 나라와 그의 의를 구하라"(마 6:33). 지금 이곳에서 그의 나라와 그의 의를 구하는 작은 하나의 행동, 그 소박한 나비의 날갯짓, 그것이 지금은 아주 작은 미풍이지만, 마침내 과거를 바꾸는 태풍이 되고 미래를 이끄는 강풍이 됩니다. "그리하면 이 모든 것을 더하시리라"(마 6:33). 작은 미풍이 삶의 수

천 가지를 변화시키는 생명의 바람이 됩니다. 이 모든 것을 새롭게 합니다.

과거와 미래가 오늘 여기에 달려 있습니다. 지난 일과 다가올 일도, 절망도 희망도 바로 이곳에서 시작됩니다. 내일의 희망은 저 멀리서 다가오는 것이 아니라, 오늘 이곳에서 심은 씨앗의 열매로 나타나는 것입니다. "보라 지금은 은혜 받을 만한 때요, 보라 지금은 구원의 날이로다!"(고후 6:2) 지금 이곳이 소중합니다. 이곳에서의 생각 하나가 중요합니다. 지금 이곳에서의 말 하나가 중요합니다. 눈빛 하나도 소중합니다.

생각 하나가 그렇게 소중하다면, 말과 행동이 그렇게 큰 의미를 지닌다면, 이 모든 것을 주님의 뜻대로 하십시오. 주님의 뜻대로 생각하고 주님의 뜻대로 말하고 행동하십시오. 작은 하나부터 고쳐가기를 시작하십시오. 생각을 긍정적인 생각으로, 행복한 생각으로 여기서 바꾸어 가십시오. 말을 부드러운 말, 칭찬과 격려의 말로 지금 고치십시오. 그리고 오늘 가야 할 곳에 가시고 만나야 할 사람을 만나십시오.

지금 여기의 작은 날갯짓이 변화와 새로움의 강한 바

람이 되어 우리의 삶에 하나님의 나라가 임하게 할 것입니다. 오늘 여기서 주님의 뜻대로 생각하고, 말하고, 살아가려고 노력하십시오. 그러면 이곳이 희망을 꿈꿀 수 있는 자리가 될 것입니다. 지금이 희망을 기다리는 행복한 시간이 될 것입니다. 주님의 뜻대로 살아가는 '오늘 여기'는 생애 최고의 순간입니다.

사계절을 위한 기도,
여름의 기도.

여름의 기도

여름철의
뜨거운 태양의 열기와
퍼붓는 소낙비의
의미를 알았다면,
이제 내 삶에 주어지는
모든 것을 두 팔 벌려
껴안으십시오.

첫 번째, 여름의 기도

주여, 우리에게 진정한 쉼을 배우게 해주소서. 주일마다 주님께서 주시는 말씀과 은혜 안에서 참된 쉼을 누리게 하소서. 그 안에서 삶의 방향과 목적과 의미를 다시 확인하고 육일을 주님의 말씀을 따라 승리하며 살게 해주소서. 주일 하루를 바르게 예배함으로 엿새를 예배자의 삶으로 살게 하소서. 주일의 힘으로 일주일을 힘있게 살도록 도와주소서. 아멘.

여름의 기도 1

쉼이 먼저입니다

우리는 세상을 매우 바쁘게 살아갑니다. 몸과 마음이 지치고 나면 쉬고, 곧 다시 삶을 바쁘게 재촉하며 삽니다. 그리고 다시 지쳐서 쉬고 싶어 합니다. 이것은 바쁘게 살아가는 우리 모든 현대인들의 삶의 방식입니다. 일하여 지치면 쉬고 다시 일하는 것, 월요일부터 일을 시작하고 주말에 휴식을 취하는 것. 우리에게 매우 익숙한 이런 삶의 사이클에 대해서 물음을 제기해 본 적이 있습니까?

우리가 일주일을 한 단위로 생각할 때 엿새 동안의 일을 삶의 중심에다 두고 삽니다. 그런데 성경은 우리에게 익숙한 이런 삶의 방식과 다르게, 일주일 중의 하루인 안식일을 매우 강조하면서 그 날을 일주일의 중심에 두라고 말씀합니다. 그래서 안식일 계명을 주시면서, 엿새를 열심히 일하지 않았던 사람보다 일주일 중 하루를 옳게 쉬지 않는 사람을 더 책망하십니다. '엿새 동안의 일'보다 '하루 동안의 쉼'에 더 큰 무게 비중을 두는 셈입니다. 엿새 동안의 일을 더 중요하게 생각하는 우리에게 좀 낯선 생각이 아닐 수 없습니다. 왜 성경은 6일보다 안식일이란 하루에, 일하는 것보다 쉬는 것에 더 우선권을 두는 것일까요?

...

우리는 육일 동안 열심히 살아야 합니다. 그러나 무조건 열심히 산다는 것 자체가 삶의 해법은 아닙니다. 삶에는 방향이 있고 또 궁극적인 목적이 있는데, 그것을 생각하지 않은 채로 무조건 열심히 살아가는 것이 결코 바람직한 삶을 만들 수는 없습니다. 그런 식으로 산다면, 빠르게 달려가지만 바르게 달려가는지는 생각하지 않는 것이고, 마음에 확신이 없으므로 평화도 생기지 않고 또 성숙도 일어나지 않을 것입니다. 늘 그렇듯이 목적이 분명하지 않는 삶은 우리를 곧 피곤하게 하고, 쉬고 싶게 만듭니다. 또한 쉬었다 해도, 왜 일해야 하는지도 모른 채로 마지 못해서 바쁘게 돌아가는 삶의 쳇바퀴 속으로 다시 들어가게 될 뿐입니다.

그러나 일의 일시적인 중단으로서의 쉼이 아니라, 삶의 방향을 다시 생각하는 쉼을 쉰다면 어떻게 될까요? 육일의 삶에 지친 피로를 푸는 쉼만이 아니라, 앞으로 살아갈 삶을 위한 영감과 지혜를 얻게 되는 쉼이면 어떨까요? 아마 그 쉼은 삶의 속도를 잠시 늦추기는 하겠지만, 삶의 방향을 바로 잡게 될 것 입니다. 목적 의식이 분명해지고, 삶의 이유가 뚜렷해질 뿐 아니라, 더 많은 지혜와 영감을 얻게 될 것입니다. 그러면 그는 무조건 빠른 속도로 달리는 사람보다 더 빨리 목표점에 도달할 뿐 아니라, 그곳에 이르는 과정도 여유있고 행복할 것입니다. 그런 의미에서 일보다 쉼이 먼저입니다. 이것이 성경이 안식일을 강조했던 이유입니다.

성경이 말씀하는 쉼이란 단순히 아무 것도 하지 않는

것이나 일을 멈추는 것 그 이상입니다. 그 쉼은 가장 중요한 것을 생각하고 회복하는 쉼입니다. 성경에 나오는 바리새인들은 이점을 크게 오해했습니다. 이들은 일을 멈추는 것이 안식일의 핵심이라고 생각했습니다. 그래서 주님께서는 안식일에 병자를 고칠 때, 그들은 그것을 큰 죄를 짓는 것이라고 여겼습니다. 하지만 쉼은 '아무것도 하지 않는 것'이 아니라, '가장 중요하고 본질적인 것을 하는 것'입니다. 그것을 삶에 되찾는 것입니다. 그래서 주님은 안식일에 병든 한 사람을 치유하셨고 그를 회복시키셨습니다.

...

우리 모두에게 쉼이 필요합니다. 일 자체를 중지하는 쉼만이 아니라, 일의 잘못된 방향을 중지하는 쉼 말입니다. 무엇을 하느냐보다 왜 하느냐를 묻고, 나는 누구인지를 생각하는 쉼 말입니다. 이런 쉼은 우리를 일들에서 잠시 떠나게 할 뿐 아니라, 동시에 삶의 핵심에 더 가까이 다가가게 합니다. 이런 쉼은 우리 속에 있는 불필요한 것들을 비울 뿐 아니라, 동시에 우리에게 꼭 필요한 것을 채우게 합니다. 이런 쉼이 바로 성경이 안식일을 강조하면서 말씀하시는 쉼입니다. 소극적인 쉼이 아니라 적극적인 쉼, 소모적 쉼이 아니라 창조적 쉼을 갖기를 바랍니다.

비록 여름철이나 주말에 멀리 교외로 또 해외로 여행을 떠나지 못한다고 해도, 주일날 주시는 말씀을 통해서 삶의 방향을 재조정하고 지혜와 영감을 얻는다면 당신이야말로 적극적 쉼을 얻고 있는 것입니다. 삶을 새롭게 만드는 창조적 쉼을 누리고 있는 것입니다. 그러므로 주일을 주님 안에 잘 쉬려고 노력하십시오. 그러면 당신은 휴가를 다녀온 사람보다 육일의 삶에 더 풍성한 열매를 맺게 될 것입니다.

· · ·

세상처럼 주일을 한 주일의 마지막에 두지 마시고 주일을 한 주일의 처음에 두십시오. 매주일을 주님 안에서 쉬십시오. 말씀 안에서 육일 동안 살아갈 은혜와 능력과 지혜를 받으십시오. 이렇게 주일 하루의 삶에 성공하면 당신의 육일의 삶에는 반드시 하나님의 축복이 넘칠 것입니다.

쉼을 생각하는 여름입니다.

진정한 쉼은 어디에 있으며 무엇인지 깊이 생각하십시오. 참된 안식은 예수 그리스도 안에 있습니다.

사계절을 위한 기도,
여름의 기도.

두번째, 여름의 기도

주여, 욕망과 탐욕의 시대를 살면서 마음을 지켜가기가 얼마나 어려운지 모릅니다. 세상에 지나치게 집착하거나, 아니면 용기 없이 물러서고 포기하기 일쑤입니다. 마음의 전쟁터에서 늘 패배하고 있는 자신을 봅니다. 한 마리 새처럼 세상에 너무 집착하지도 말게 하시고, 그렇다고 비겁하게 물러서지도 않게 하소서. 다만 그리스도인으로서 자유롭게 살아가게 하소서. 그리스도 예수께서 그러셨던 것처럼 초연한 마음으로 살기 원합니다. 성령으로 충만하여 저의 힘이 아니라 주님이 주시는 힘으로 새롭게 살게 하소서. 아멘.

여름의 기도 2

초연한 마음

세상에 대해 미련을 끊지 못하는 마음이 우리에게 많습니다. 버려야 할 것을 버리지 못하고 잊어야 할 것을 잊지 못하며 삽니다. 이런 마음을 두고 집착의 마음이라고 부릅니다. 이런 집착의 마음은 우리로 하여금 집착하는 그것에 사로잡히게 하고 또 포로가 되게 합니다. 자신의 생각에 사로 잡히는 것도 역시 하나의 집착의 마음입니다. 사도행전에 아나니아와 삽비라 부부가 나옵니다. 이들 부부는 집착의 마음을 가졌습니다. 복음서에 예수님을 만났던 한 부자 청년은 집착의 마음에서부터 자유롭지 못해 결국 예수님을 따르는 제자의 길을 가지 못하고 맙니다. 물질에 대한 집착에 묶였던 가룟 유다는 결과적으로 예수님을 배반하는 자가 되었습니다. 집착의 마음은 우리를 작고 사소한 것에 묶어 버리고 더 크고 놀라운 것을 보지 못하게 합니다. 집착의 마음에 매일수록 우리는 내적으로 부자유스러운 사람이 되고, 하나님에게 사용 받지 못하는 사람이 됩니다.

...

집착의 마음처럼 바람직하지 못한 또 하나의 마음은 포기의 마음입니다. 이 마음은 문제에 적극적으로 대응하지 못하고 미리 물러서게 합니다. 버려야 할 것을 버리지 못하는 마음이 집착의 마음이라면, 버리지 말아야 할 것을 버리는 마음이 포기의 마음입니다. 집착의 마음은 욕심에 의해서 지배된다면, 포기의 마음은 두려움에 의해서 지배됩니다. 포기의 마음을 가졌던 대표적인 사람들은 가나안 땅을 정탐했던 열 명의 정탐꾼들입니다. 이들은 하나님이 약속으로 주신 땅인 가나안에 도전해 보지도 못하고 미리 포기해 버렸습니다. 하나님께서는 이들을 기뻐하지 않으셨고 이들은 결국 가나안에 들어가지 못했습니다. 하나님께서 약속과 기회를 주셨지만, 그것에 대해서 도전도 하기 전에 미리 포기하는 마음을 가지고 있었던 그들은 광야 40년의 긴 세월 동안에 아무 것도 이루지 못했습니다.

우리들은 집착의 마음이나 포기의 마음과 다른 마음을 가져야 합니다. 그것은 초연한 마음입니다. 초연한 마음은 모든 것들을 자기의 욕망의 도구로 삼는 마음이 아니라 하나님의 영광을 위한 도구로 생각하는 마음입니다. 재물이 나에게 주어졌을 때 그것에 집착하는 마음이 있는가 하면, 그것을 하나님의 영광을 위한 도구로 생각하는 마음이 있습니다. 어려운 문제가 주어졌을 때 미리 포기하는 마음이 있는가 하면, 그것마저도 하나님께서 일하실 수 있도록 맡기고 도전하는 마음이 있습니다. 이것이 집착과 포기를 넘어서는 초연한 마음입니다.

...

성경에 초연한 마음을 가진 인물들이 나옵니다. 야곱은 사랑하는 막내 아들 베냐민을 이집트로 보내면서 하나님께서 그 아들을 무사히 귀향시켜 주실 것을 간절히 기도합니다. 그러나 동시에 비록 하나님께서 그 기도에 응답하지 않으신다고 해도, 그런 상황을 기꺼이 받기로 결심하고서 이렇게 말했습니다. "내가 자식을 잃게 되면 잃으리로다"(창 43:14). 그는 결과에 집착하지 않고 모든 것을 다 하나님께 맡겼습니다. 가망이 보이지 않는 것 같았지만 결코 포기하지 않고, 또한 최선을 다했습니다.

욥은 엄청난 재난을 당한 후에 이렇게 고백했습니다. "주신 이도 여호와시요 거두신 이도 여호와시오니 여호와의 이름이 찬송을 받으실지니이다"(욥 1:21). 그는 가졌던 소유에 대해서 집착하지 않았습니다. 그렇다고 주어진 상황 앞에서 모든 것을 체념하지도 않았습니다. 그는 그 자리에서 하나님을 바라보는 초연한 마음을 가졌습니다. 왕후 에스더는 "죽으면 죽으리라"(에 4:16)는 각오로, 자신의 몸을 민족을 살리기 위해서 던졌습니다. 그녀는 왕후의 자리에 집착하지도 않았고, 또 하나님께서 그녀에게 주신 절호의 기회를 포기하지도 않았습니다. 사도 바울은 전도 여행을 마치고 예루살렘으로 되돌아갈 때 그곳에서 큰 환난이 그를 기다린다는 것을 알았습니다. 그러나 그는 이렇게 말했습니다. "하나님의 은혜의 복음을 증언하는 일을 마치려 함에는 나의 생명조차 조금도 귀한 것으로 여기지 아니하노라"(행 20:24). 그는 목숨에 대해서 집착하지 않았고, 또 그를 기다리는 고난 앞에서 도피하지도 않았습니다. 그는 초연한 마음의 사람이었습니다.

...

초연한 마음은 하나님이 유일한 목적이기 때문에 다른 모든 것은 하나님을 위한 도구로 알고 사용할 줄 압니다. 모든 것을 그리스도 안에서 얻었기 때문입니다. 이 마음은 세상에 집착하지도 않고, 세상을 버리지도 않습니다. 모든 것이 다 주님을 위한 도구임을 압니다.

초연한 마음을 갖고 산다는 것은 마치 한 마리 새처럼 사는 것입니다. 새는 하늘을 날다가 사뿐이 땅에 내려 앉습니다. 또 필요하면 하늘을 향하여 날개를 펴고 높이 날아오릅니다. 새가 하늘을 향해 날아오르는 것을 생각하지 않고 늘 땅만 내려다 보고 산다면 그것은 집착의 마음에 매인 것입니다. 새가 아예 땅에 내려 앉을 생각을 하지 않고 공중을 날기만 한다면 그는 포기의 마음을 갖는 것입니다. 그러나 초연한 마음을 가지면 새와 같은 자유가 있고 평화가 있습니다. 예수 그리스도의 마음은 초연한 마음이었습니다. "너희 안에 이 마음을 품으라 곧 그리스도 예수의 마음이니"(빌 2:5).

사계절을 위한 기도,
여름의 기도.

세 번째, 여름의 기도

주여, 저희들에게 주신 자유를 잘 사용하여 주도적인 삶을 살게 하소서. 말씀을 따라 주어진 자유를 행사하는 법을 배우게 하소서. 환경에 수동적으로 반응하는 사람이 아니라, 말씀을 따라 주도적으로 대응하는 사람이 되게 하소서. 먼저 기뻐하게 하시고, 순간마다 기도하게 하시고, 모든 환경 앞에서 감사를 선택하게 하소서. 그리하여 주어진 자유를 잘 사용하는 자유자로 살게 하소서. 아멘.

여름의 기도 3

주도적인 삶

2차 세계대전 당시의 일입니다. 유태인 심리학자였던 빅토르 프랑클(Victor E. Frankl)이 독일 나치 수용소에 수감되어 있었습니다. 어느 날 독일군이 그의 옷이며 신발과 결혼반지며 그들이 가져갈 수 있는 모든 것을 그에게서 다 빼앗아 갔습니다. 그는 벌거숭이로서 그들 앞에 서 있었습니다. 이보다 더 비참하고 참담할 수 없었습니다. 최후의 인간적 자존심마저 박탈당한 채로, 벌거벗겨져서 차가운 감방의 바닥에 내팽개쳐졌습니다. 오직 죽음을 기다리는 조용한 절망 외에 그에게 남은 것 이라곤 아무 것도 없었습니다.

 이런 그에게 문득 한 생각이 스쳐갔습니다. 그것은 나치가 그에게서 빼앗아가지 못한 것 하나가 그에게 있다는 깨달음이었습니다. 그것은 '자신에게 자유가 남아 있다'는 깨달음이었습니다. 수용소 밖을 한 발짝도 나갈 수 없었던 그에게 무슨 '자유'냐구요? 분명 그 자유는 그가 수용소 밖으로 나갈 수 있는 자유는 아니었습니다. 그가 발견한 자유는 수용소 밖으로 나가는 자유가 아니라, 수용소 안에서 일어나는 모든 상황에 대해 자신의 반응을 선택할 수 있는 그런 자유였습니다. 이 자유는 누구도 빼앗을 수 없는 자유였고, 수용소 안에서도 여전히 존재하는 자유였습니다. 그는 이 자유를 발견하고 이것을 수용소 안에서 사용하기 시작합니다. 자유자가 되기로 결심한 것입니다.

 수용소 안의 대부분의 사람들은 환경에 대해 저항하고 분노하다가 절망 속에서 서서히 죽어가고 있었습니다. 그들은 빼앗긴 자유만 생각했고, 수용소 밖으로 나가는 자유만이 자유라고 여겼습니다. 그래서 수용소 안의 환경에 대해 늘 분노와 절망으로 대응할 뿐, 상황에 대한 반응을 선택하는 자유는 알지도 사용하지도 못했습니다. 하지만 프랑클은 절망을 강요하는 환경 앞에서도 오히려 희망을 꿈꾸기로 선택했습니다. 무의미 속에서 의미와 목적을 생각하기로 선택하고, 절망 속에서도 희망을 갖기로 선택했습니다. 이것은 누구도 빼앗을 수 없는 수용소 안의 자유였습니다. 그리고 그에게 자유의 기적이 일어났습니다. 지옥 같은 수용소에서 살아 남은 것입니다. 이것은 그가 남다른 건강이나 체력을 가졌기 때문이 아니라, 자유라는 자산을 잘 활용했기 때문이었습니다.

...

우리도 살면서 여러 가지 일들과 사람들을 만나지 않습니까? 원하지 않는 상황도 많이 만나며 삽니다. 이때마다 당신은 어떻게 반응해 왔습니까? 분노와 미움과 좌절로 반응하지는 않았습니까? 만약 그랬다면 당신은 환경 앞에 힘없이 무릎을 꿇게 되었을 것입니다. 환경이 당신의 삶에 주도권을 쥐도록 당신이 허락했기에, 환경이 당신의 삶을 만들어가게 된 것입니다.

당신이 가진 자유라는 소중한 자산을 사용하십시오. 어떤 환경이 주어지든 그 환경에 대해서 신앙적으로 대응하기로 결심하십시오. 기쁨의 감정이 생길 때까지 기다릴 것이 아니라 먼저 기뻐하기로 작정하십시오. 기도할 마음이 생길 때까지 염려 속에 파묻혀서 살 것이 아니라 먼저 기도하기로 결심하시고, 현재의 상황 앞에 불평을 늘어놓으며 살지 말고 감사로 환경에 맞서기로 결단하십시오. 이것이 주님을 믿는 우리들이 사용해야 하는 자유입니다.

...

우리는 원하는대로 태어날 수 없고 원하는대로 환경을 만들 수도 없습니다. 하지만 주어진 모든 상황에 대해 '기쁨과 기도와 감사'로 반응하는 그런 신앙적 자세는 내가 선택할 수 있습니다. 환경을 선택할 자유는 없지만, 환경에 반응할 자유는 있는 것입니다. 우리가 자유를 행사하기 시작해야 우리가 환경에 대해 주도권을 가지기 시작합니다. 그래야 비로소 자유자로 살아가는 것입니다.

행복을 외적 환경에 의존해서 얻고자 하지 마십시오.

먼저 환경에 바르게 반응하십시오. 항상 기뻐하고, 쉬지 말고 기도하며, 범사에 감사하기로 선택하십시오. 신앙인에게 주어진 당신의 자유를 마음껏 사용하십시오. 환경이 당신의 삶을 만들도록 하지 말고, 환경에 대한 우리의 신앙적 반응이 삶을 창조해 가도록 하십시오. 그러면 이런 사람에게는 그를 파괴시키려고 다가왔던 모든 환경들이 도리어 그를 살찌우는 양식이 됩니다. 갈렙의 말처럼 "그들은 우리의 밥"(민 14:9)입니다. 유능한 항해사의 손에서는 역풍도 목적지로 가게 하는 데 필요한 바람입니다.

우리가 어떤 상황 속에 있을지 모릅니다. 그러나 당신에게 자유라는 자산이 있다는 것을 잊지 마십시오. 주님이라면 어떻게 했을가를 생각하면서, 모든 환경에 주도적으로 반응하십시오. 자유라는 달란트를 땅에 묻어두지 마십시오. 자유를 행사함으로 당신 자신을 되찾으십시오.

네 번째, 여름의 기도

주여, 항상 대화하면서 살지만 대화 속에 보이지 않는 벽을 느낄 때가 얼마나 많았는지 모릅니다. 저의 입술에서 나가는 말은 저의 진실한 마음을 제대로 담지 못했고, 저의 귀에 들리는 소리를 통해 남의 마음을 헤아려 듣지 못했습니다. 겉도는 것 같은 대화는 점점 메말라 가는 관계를 만들어 왔습니다. 이제 꾸미지도 과장하지도 않고 다만 진실한 마음을 담아 소박한 언어로 말하게 하소서. 이제 상대의 말을 이해하려는 마음을 갖고 듣게 하소서. 상대의 마음의 소리까지 들을 수 있는 귀를 주소서. 우리들 사이에 참된 대화를 회복시키소서. 참된 만남을 가져오게 하시고, 모든 공동체들을 회복시켜 주소서. 성령이여, 오셔서 우리들 가운데 대화의 기적을 일으켜 주소서. 아멘.

여름의 기도 4

대화의 기적

우리는 끊임없이 누군가에게 말하고 들으며 삽니다. 삶은 많은 대화들로 이루어져 있습니다. 대화 중에는 안부를 묻는 간단한 대화도 있고, 정보나 지식을 교환하는 대화도 있습니다. 그런데 많은 대화들이 상대방이 무엇을 느끼고 있는지를 모른 채, 아예 그런 관심도 없는 피상적인 대화로 끝납니다. 대화가 피상적이 되면 삶도 피상적이 되고, 대화가 막히면 삶도 막히게 됩니다. '여보, 이 달 집세를 못냈소'라는 것과 '여보, 이 달 집세를 내지 못한 것 때문에 얼마나 마음이 상했소'라는 말은 전달하는 정보는 동일하지만 사실상 다릅니다. 전자는 단순히 정보만 나누는 대화라면, 후자는 그 속에 상대방에 대한 배려와 나의 감정을 싣고 있어서 만남이 일어납니다. 우리는 대화를 통해서 지식과 정보만을 나눌 것이 아니라, 마음과 감정까지 나눌 수 있어야 합니다.

대화는 만남을 가져와야 합니다. 하지만 많은 대화 속에서 서로는 자신을 감추곤 합니다. 슬프면서도 기쁜 척하고 화가 났으면서도 아무렇지 않은 척 합니다. 말이 입에서 부는 바람처럼 나왔다가 상대방의 귀를 바람처럼 스쳐 지나갑니다. 많은 현대인들은 대화를 통해서 다리를 놓는 사람이 아니라 벽을 쌓는 사람이 되어가고 있습니다. 이런 '위기 상황' 아래 대화의 위기가 있습니다. 대화 속에 만남이 없어진 이유가 무엇일까요? 어떻게 하면 대화가 만남을 가져오고, 그 만남이 삶의 회복을 가져올까요?

...

예수님께서 사마리아 여인과 우물가에서 대화를 나누

셨습니다. 예수님은 여인이 말한 내용을 끝까지 다 들었습니다. 예수님은 그녀의 입술의 소리만 들으신 것이 아니라, 그녀가 말로 표현할 수 없었던 마음의 소리까지 듣고 계셨습니다. 그녀의 눈에 드리운 그림자가 말하고 있는 침묵의 소리까지 들으셨습니다. 주님께서는 그녀의 과거를 단순히 알기 위해서 듣지 않으셨고, 그녀를 이해하기 위해 들으셨습니다. 그리고 그녀에게 말을 건네셨습니다. 그녀는 홀로 갇힌 자아의 독백에서 살아있는 대화로 나오게 되었습니다. 나아가 이웃 사람들과의 만남을 회복하게 되었습니다. 마음으로 들으신 후에 사랑의 마음으로 건넸던 주님의 한 마디 말이 그녀를 살려내는 생명의 말이 되었던 것입니다. 참된 대화는 이렇게 삶을 회복시킵니다.

· · ·

대화가 회복되면 개인이 회복될 뿐 아니라 공동체가 살아납니다. 사도행전에는 오순절에 임한 성령의 강력한 역사가 기록되어 있습니다. 성령을 받은 사람들은 여러 나라 말로 말하게 되었고, 각국에서 모여든 사람들은 각각 자기 나라의 말로 설교를 듣게 되었습니다.

놀라운 일이었습니다. 이때 성령의 임함을 통해 두 가지 기적이 일어났습니다.

하나는 말하는 기적이었습니다. 한 사람의 말이 언어의 장벽을 넘어서 다른 사람에게 들리게 되었습니다. 또 하나는 들리는 기적이었습니다. 이전까지 알아듣지 못했던 사람의 말을 알아듣게 된 것입니다. 같은 언어를 사용해도 서로 다르게 받아들이고 오해하고 지내왔던 터입니다. 대화를 해도 자기의 마음을 전달하기가 어려웠습니다. 하지만 이제 참된 대화가 이루어지고 서로 간에 말이 통했습니다. 내 마음이 전달되고, 남의 가슴에 담긴 표현되지 않는 내용까지 들리게 되었던 것입니다. 이른바 대화의 기적이 일어난 것입니다.

성령님께서 오셔서 가장 먼저 하신 일은 사람들 간에 막힌 대화의 벽을 허무는 일이었습니다. 입을 여시고 귀를 여시는 일을 하셨습니다. 이렇게 하심으로 서로 간의 대화를 회복시킴으로 참된 만남을 가져오셨고, 그 바탕 위에서 최초의 교회 공동체를 탄생시키셨습니다.

· · ·

대화의 회복이 없이는 삶의 회복이 불가능합니다. 먼

저 상대방을 들으려고 하십시오. 그리고 상대방에게 들릴 수 있는 소리로 말하려고 하십시오. 진실을 말하고 사랑으로 들으십시오. 그 때 참된 만남이 일어납니다. 오순절 성령강림을 통해서 이루신 첫째 기적이 바로 대화의 기적이었다는 것을 잊지 마십시오. 부활의 주님은 지금도 우리들 '가운데'(among) 계셔서 대화의 기적을 일으키기를 원하십니다. 저와 당신의 삶에 성령님을 통한 대화의 기적이 일어나 이를 통해 관계의 회복, 삶의 회복이 있기를 바랍니다.

다섯 번째, 여름의 기도

주여, 힘을 추구하고, 힘을 함부로 행사하는 세상을 살고 있습니다. 그 힘의 경쟁 때문에 충돌과 갈등이 그치지 않습니다. 세상은 평화는 힘을 통해서 온다고 가르칩니다. 서로는 상대를 이기는 힘, 정복하는 힘, 굴복시키는 힘만 알고 있습니다. 그리고 남을 이김으로 얻을 수 있는 나의 평화, 상대의 것을 차지함으로 얻을 수 있는 나의 행복을 추구하고 있습니다. 자기에게 있는 힘을 오직 자기의 이익을 지키기 위해서만 사용하고 있습니다. 우리들에게 십자가에서 보여주신 주님의 사랑의 힘을 깨닫게 해주소서. 우리들의 좁고 이기적인 가슴에 주님께서 보여주신 진정한 힘을 알게 해주소서. 아멘.

여름의 기도 5

진정한 힘

우리는 힘을 자랑하고 숭배하는 세상 속에 살고 있습니다. 사람들은 권력, 재력, 학력, 실력, 체력 등 각종 힘들을 얻기 위해서 열심히 노력하고 있습니다. 사람들이 추구하는 힘이 무수히 많이 있는데, 이 중에서 정말 세상을 아름답게 변화시키는 힘은 어떤 것일까요? 힘으로 말하자면 십자가에 매달린 사형수만큼 힘 없는 존재는 없습니다. 십자가는 원래 로마의 힘에 저항했던 정치범들을 매달아 죽이는 로마의 무서운 사형

틀이었습니다. 십자가에 달린 사형수는 로마의 막강한 힘 앞에 자신이 얼마나 힘없고 무력한 존재인지를 온 몸으로 보여 주면서 죽어가야 했습니다. 그러니 십자가는 무력함에 대한 가장 생생한 상징이었습니다. 그런데 성경은 이런 십자가를 두고 하나님의 능력이며 힘이라고 말씀합니다(고전 1:18). 어떻게 무력함의 대표적 상징인 십자가가 하나님의 권능을 나타내는 기독교의 대표적 상징이 된 것일까요? 대체 십자가에서 나타난 힘이 어떤 것일까요?

...

사람들은 어떻게 해서라도 힘을 가지려고 합니다. 그리고 그 힘을 자기를 위해서 최대한 사용하려고 하며, 그 힘을 드러내고 과시하려고 합니다. 그런데 십자가에 달려 죽으신 예수님은 세상이 말하는 그런 힘과 능력은 분명코 없는 분이셨습니다. 비록 힘이 있었다고 해도, 그 힘을 사용해야 할 시기에 사용하지 못한 분이셨습니다. 그런데 성경은 예수님의 십자가는 하나님의 크신 능력이라고 합니다. 그 이유가 무엇일까요? 생각해 보십시오. 예수님은 원래 힘이 없으셨던 분이 아닙니다. 그분은 십자가를 피하실 수 있는 힘을 자기 안에 가지고 계셨습니다. 원하시기만 했다면 자기를 십자가에 못박았던 군인들을 다 물리칠 수 있었고, 주님을 대적하는 모든 무리를 일시에 멸할 수도 있었습니다. 하지만 주님은 자기 속에 있는 그런 힘을 포기하시고 힘 없는 자처럼 십자가에 달리셨습니다. 아니 십자가를 피하는데 사용하실 수 있는 자신의 힘을 스스로를 십자가에 매다는데 사용하신 것입니다.

...

여기서 우리는 두 종류의 힘이 있음을 볼 수 있습니다. 하나는 예수님을 십자가에 매다는 힘입니다. 이 힘은 주어진 능력을 자기를 위해서 최대한 사용하는 로마의 힘이고 세상의 힘입니다. 다른 하나는 십자가에 스스로 매달리는 힘입니다. 이 힘은 주어진 전능한 힘을 자기를 위해서 사용하기를 포기하는 예수님의 힘입니다. 하나는 죄없는 사람마저도 법의 이름으로 죽일 수 있는 무력의 힘이라면, 또 다른 힘은 남을 위해서 자신의 능력까지도 포기하고 스스로 죽을 수 있었던 사랑의 힘입니다. 이 두 종류의 힘을 보면서 힘의 진정한 의미를 생각해 보십시오. 어떤 힘이 진정으로 강하고 위대한 힘입니까?

예수님께서 겟세마네에서 기도를 마치시자 병졸들이 예수님을 잡으러 왔습니다. 이 때 예수님의 제자 하나가 병사의 귀를 칼로 쳐서 떨어뜨렸습니다. 그는 칼의 힘을 사용해서 예수님을 잡으러 온 자들을 이기려고 했던 것입니다. 무력의 힘에 무력으로 맞서려고 했던 제자를 향하여 예수님께서 이런 말씀을 하셨습니다. "너는 내가 내 아버지께 구하여 지금 열두 군단이 더 되는 천사를 보내시게 할 수 없는 줄로 아느냐. 내가 만일 그렇게 하면 이런 일이 있으리라 한 성경이 어떻게 이루어지겠느냐"(마 26:53-54). 예수님에게는 하늘의 무수한 천사들을 불러서 병사들을 물리칠 수 있는 힘이 있었지만, 그런 힘을 자기를 위해서 사용하지 않고, 오직 하나님의 뜻을 이루기 위해서 스스로 붙잡히셨습니다. 자신의 이기적 목적을 위해서 주어진 권력을 최대한 사용하려는 대제사장의 힘과 남을 살리기 위한 거룩하고 높은 목적을 위해 자신의 전능한 능력까지도 포기하는 예수님의 힘, 이 두 가지의 힘이 명료하게 대조되고 있습니다.

 바울 사도는 그 누구보다 위대한 사도였습니다. 그는 다른 사역자들처럼 대우를 받으면서 사역할 수 있었고, 가정을 가지고 살 권리도 있었습니다. 하지만 그는 그 모든 권리를 그리스도의 복음을 위해 스스로 포기했습니다(고전 9:12). 어떤 권리가 주어졌을 때 그것을 누리려는 힘과 그런 권리가 있음에도 불구하고 더 높은 목적을 위해서 그것을 포기할 수 있는 힘, 이 두 힘 중에 바울은 두 번째의 힘의 능력을 알았습니다.

 우리는 정의가 아니라 자기 이익 때문에 힘을 사용하고, 약자를 위해서가 아니라 강자의 기득권을 위해서 힘을 사용하는 세상에서 살고 있습니다. 경제적인 힘, 군사적인 힘, 지식의 힘과 같은 많은 종류의 힘들이 있다고 하지만, 근본적으로 이 힘들의 성격은 동일합니다. 세상은 사랑과 높은 목적을 위해서 주어진 힘과 권리를 포기할 수 있는 십자가의 힘을 모릅니다. 이 사랑의 힘을 모른다면 세상에 아무리 무수한 종류의 힘들이 있다고 해도, 그 힘들이 세상을 아름답게 만들지는 못할 것입니다.

이 세상이 깨달아야 할 힘은 예수님을 십자가에 못박는 칼의 힘이 아니라, 사랑을 위해서 자신을 희생하는 십자가의 역설적인 힘입니다. 그리스도인들은 예수님을 통해서 진정한 힘이 무엇인지 알게 된 사람입니다. 그리고 이 세상을 아름답게 만드는 역설적 힘을 보여주며 살아야 할 사람들입니다. 당신은 이 세상에서 어떤 힘을 추구하면서 살고 있습니까?

사계절을 위한 기도,
여름의 기도.

여섯번째, 여름의 기도

주여, 저희들은 나의 욕망을 충족시켜주는 그런 기적을 기대했고, 나의 노력과 상관이 없이 주어지는 어떤 행운을 바랐습니다. 어떤 때는 하나님은 전능한 능력을 갖고 계시면서도 왜 내가 원하는 것을 이루어 주지 않는가를 생각하며 은근히 마음속으로 원망하기도 했습니다. 주여, 이런 마음을 가지고 있는 한 우리들에게 기적이 일어나도 우리들은 더욱 주님을 닮지 못한 사람이 될 뿐이며, 더욱 더 세속적인 사람이 될 것을 깨닫지 못했습니다. 이제 구하오니 먼저 저의 마음이 변화되는 기적을 베풀어 주소서. 삶이 새롭게 되는 기적을 주소서. 나같은 죄인이 이렇게 은혜로 살아가는 것 자체가 하나의 기적임을 깨닫게 되는 그런 기적을 허락하소서. 저의 이기심을 극복하고 작지만 희생할 줄 아는 그런 기적을 저에게 일으켜 주소서. 아멘.

여름의 기도 6

진정한 기적

가끔씩 나의 삶에도 어떤 기적 같은 일이 일어나면 좋겠다는 생각이 듭니다. 안될 것 같은 일이 되고, 막힌 일이 술술 풀려가게 하는 행운이 나를 찾아온다면 얼마나 좋을까 싶습니다. 그러면 잎이 무성한 여름철의 싱싱한 나무처럼 뽐내면서 멋지게 살아갈 수 있을 것 같습니다. 기적을 기다리는 사람들은 우리들만이 아니었습니다. 예수님 당시 기적을 많이 봤던 유대인들도 여전히 더 많은 기적들을 기대하고 있었습니다. 이들은 예수님의 병고치는 기적들을 보고서 만족하지 못하여, 예수께 자기들이 원하는 정치적 기적까지 일으켜 줄 것을 요구했습니다. 어느 날 유대인이 주님께 와서 이렇게 말했습니다. "선생님, 우리는 선생님이 행하시는 기적을 보고 싶습니다"(마 12:38). 이런 유대인들을 향하여 주님께서 답하셨습니다. "악하고 음란한 세대가 표적을 구하나 선지자 요나의 표적 밖에는 보일 표적이 없도다"(마12:39). 주님께서 말씀하신 요나의 기적이란 요나가 사흘 동안 큰 물고기 뱃속에 있었던 것같이, 주님이 사흘 동안 무덤 속에 있게 될 그 십자가 사건을 가리키는 것이었습니다. 주님은 기적을 구하는 이 유대인들이 보아야 할 기적은 그들이 바라던 기적이 아니라, 요나의 기적이 상징하는 십자가의 기적이라고 말씀하십니다.

...

십자가 사건을 두고 하나의 기적이라고 말한다는 것은 매우 역설적이지 않을 수 없습니다. 이 기적은 초자연적인 능력을 과시하는 기적이 아닙니다. 가난한 자가 부자가 되고, 약한 존재가 강한 존재가 되는 그런 기적이 아닙니다. 정반대로 높은 하나님이 낮은 인간이 되고, 죄 없는 의인이 죄인으로 정죄받고, 죽을 수 없는 하나님의 아들이 죽게 되는 그런 이상한 기적입니다. 이 기적은 자신의 욕망이 성취되는 기적을 추구하는 사람들에게는 너무 생소하고 낯선 것입니다. 어찌 이런 것을 기적이라고 할 수 있을까 싶습니다. 하지만 기적처럼 보이지 않는 이 기이한 기적이, 기적을 추구하는 이들을 구원하는 진정한 기적이었던 것입니다.

세상은 이 역설적인 기적을 잘 모릅니다. 광야의 예수님에게 제안했던 사탄의 세 가지 기적들을 생각해 보십시오. 사탄은 광야의 예수님에게 돌을 떡으로 만드는 경제적 기적을 행하라고 했습니다. 성전에서 뛰어 내려도 다치지 않음으로 신적 존재임을 입증하는 종교적 기적을 보이라고 했습니다. 또한 단 한번의 타협으로 온 천하를 지배하는 권력을 얻는 정치적 기적을 나타내라고 유혹했습니다. 사탄이 말한 이 모든 것들은 다 세상이 추구하는 기적들이 아닙니까!

...

만일 사탄이 제안한대로 기적이 일어났다면 어떻게 되

었을까요? 사람들은 경제적으로 배가 부르지만 진리에 대해서는 점점 무관심하게 되었을 것입니다. 그들은 결국 진정한 부요를 빼앗기게 되었을 것입니다. 종교적으로 그들은 종교를 자기의 욕망을 추구하는 도구로 삼게 되었을 겁니다. 그들은 자기가 하나님을 위해 존재하는 것이 아니라 마치 하나님이 자기를 위해서 존재하기나 한 것처럼 착각하면서, 자기를 숭배하면서 살았을 것입니다. 결국 사람들은 참 하나님을 만나지 못하고, 구원의 진정한 기적을 놓치게 되었을 겁니다. 정치적으로는 이들이 처음에 위대한 지도자를 만났다고 환호하다가, 나중에는 그들이 무엇엔가 묶여 있다는 것을 발견하게 되었을 것입니다. 그는 하나님의 뜻을 따라 백성을 섬기는 지도자가 아니라, 사탄의 방식을 따라 속임수로 백성을 지배하는 지도자이기 때문입니다.

그들을 구원할 것이라고 기대했던 기적들이 결국 그들을 망하게 하는 것입니다. 세상이 추구하는 기적들의 결과가 이와 같습니다. 세상의 기적들은 육신의 배는 부르게 했지만 영의 배를 더 굶주리게 하고, 종교의 겉모양은 있지만 마음은 더 강퍅하고 굳어지게 만들며,

육신적 자유는 주지만 내면을 우상과 이데올로기로 묶어 버립니다. 그렇다면 이런 것을 두고 어찌 기적이라고 말할 수 있겠습니까?

...

 그럼에도 불구하고 이 시대는 사탄이 제안했던 그런 기적의 신기루를 추구하며 삽니다. 이런 환상의 마법에 매여 있습니다. 여기서 풀려 나는 길은 오직 예수님이 보여주신 역설적인 십자가의 기적을 경험하는 것뿐입니다. 이제 우리는 모두 부자가 되는 욕망의 기적만이 아니라, 부자가 자신의 것을 내어놓는 나눔의 기적을 볼 필요가 있습니다. 낮은 자가 높은 자리에 오르는 성취의 기적보다는 높은 자가 자원해서 낮은 자리로 내려오는 겸손의 기적을 알 필요가 있습니다.

...

 우리는 한 사람의 그리스도인으로서 세상 속에 살고 있습니다. 우리는 연약한 인간이기 때문에 내 욕심이 이루어지는 그런 기적이 일어나기를 바랍니다. 하지만 주님은 우리의 삶이 그런 기적보다 사랑과 겸손과 섬김의 기적을 보여주는 도구가 되기를 원하십니다. 교회와 그리스도인은 이런 기적을 보여주도록 부름을 받은 존재입니다. 당신은 어떤 기적을 기대하고 있습니까? 우리는 모두 우리의 삶에 진정한 기적이 일어나기를 기도하면서 살아야 하지 않겠습니까!

사계절을 위한 기도,
여름의 기도.

일곱 번째, 여름의 기도

주여, 지금까지 자연에 대해서 매우 오만했던 우리들의 어리석음을 용서하소서. 우리들은 지구가 돌아가는 아주 큰 소리와 미생물들의 아주 작은 소리를 듣지 못합니다. 이런 우리들은 자연의 신음 소리도 역시 듣지 못하고 살아왔습니다. 오직 인간들이 만드는 인공의 소리만을 듣고 살아왔습니다. 이제 자연이 인간에게 외치는 소리를 듣게 하소서. 그리하여 날로 심각해져가는 환경문제를 해결할 수 있게 하소서. 이 일에 그리스도인이 깨어 일어나게 하소서. 아멘.

여름의 기도 7

자연의 소리

　언제 보아도 자연은 참 정직하고 위대합니다. 올해도 변함없이 봄의 새싹들이 차가운 겨울의 대지를 뚫고 올라와 희망의 봄을 알려 주었고, 그 싹들이 자라 온 대지를 푸른 녹색의 여름 옷으로 갈아 입히고 있습니다. 얼마 있지 않으면 이 푸른 잎사귀들은 형형색색의 옷들로 갈아 입고 가을을 준비할 것입니다. 철마다 달리 옷을 갈아 입는 이 자연 속에는 경이로운 생명의 소리들이 있습니다. 바람 소리, 물 소리, 풀잎 소리, 그리고 벌레 소리들이 조용하지만 거대한 합창이 되어 울려 퍼집니다. 하지만 이 소리들은 문명이 만드는 인공의 소리들에 파묻혀 살고 있는 현대인들에게는 잘 들리지 않습니다.

...

 도시 문명이 서 있는 땅은 콘크리트로 뒤덮인 회색 빛 땅입니다. 이 땅은 그 위에 아스팔트가 깔리고 시멘트로 입혀진 이래로 한번도 그 무겁고 딱딱한 옷을 벗고 봄의 기지개를 켜본 적이 없고, 제대로 숨 한 번 쉬어 본 적이 없습니다. 비싼 땅이라고 하는 곳일수록, 또 사회적 모순이 심각한 곳일수록 더욱 더 그렇습니다. 예전에는 사람들이 자연의 웅장함 앞에서 놀라기도 하고 감탄하기도 했지만, 요즘은 자연의 위대함 앞에 설 겨를조차 없습니다. 머리 위로 쏟아져 내릴 듯한 별들을 보는 것은 지극히 드문 일이 되었고, 넓게 펼쳐진 자연을 관조하는 시간을 갖는 것은 더더욱 쉽지 않게 되었습니다. 자연이 주는 신비감과 경외감은 잊어버리고 인공화된 도시 속을 숨가쁘게 살아가고 있을 따름입니다. 땅을 포함한 자연의 모든 것을 다 욕망의 대상으로 보기 때문에, 그 자연이 인간을 향하여 말하는 매우 세미한 소리를 듣지 못합니다.

 갈수록 환경 문제가 심각해지고 있어서 환경 문제를 어떻게 풀어야 할지 해법을 찾고 있으나 대안이 없습니다. 마치 같은 어항에 살고 있는 두 물고기가 상대편 물고기를 이길 생각만하며, 서로 경쟁적으로 싸우면, 결국 두 물고기가 함께 살아가는 어항의 물이 점점 탁해지는 것은 생각하지 못하는 것과 같습니다. 환경 오염은 인간이 함께 살아가는 삶의 공간이 무너지는 것이요, 자연을 훼손하는 것은 바로 인간 자신을 훼손하는 것임을 모릅니다.

…

 환경 문제는 단순히 물질적 문제, 경제적 문제, 사회적 문제로만 생각할 것이 아닙니다. 환경 문제는 근본적으로 인간 문제요 영적 문제입니다. 환경 문제를 제대로 풀려면 자연을 향하여 일방적으로 명령하고 지배하려는 태도를 중단하고, 자연의 소리를 귀기울여 들어야 합니다. 그 소리는 인간의 타락이래로 자연이 인간을 향하여 외쳐온 소리이지만, 바울과 같은 매우 영적인 사람들을 제외하고는 누구도 그 소리를 듣지 못했습니다. 자연은 인간의 타락 이래로 "이제까지 함께 탄식하며 함께 고통하는"(롬 8:22) 긴 시간을 보냈습니다. 그들의 탄식은 그 속에 어떤 염원이 담겨 있는 하나의 기도와 같았습니다. 자연이 바라는 염원은 이 세상에 "하나님의 아들들이 나타나는 것"(롬 8:19)이고, 그것으로 인해 자연이 "썩어짐의 종노릇 한데서 해방되어 하나님의 자녀들의 영광의 자유에 이르는 것"(롬 8:21)입니다.

...

왜 자연이 인간 회복을 고대하고 있는 것일까요? 피조물의 대표자인 인간이 타락함으로 온 피조계에 고통과 탄식이 왔기에 이 고통은 피조물의 대표자인 인간이 회복됨으로 해결될 수 있기 때문입니다. 성경은 하나님께서 가져오시는 구원을 인간의 구원만으로 제한하여 말하지 않았습니다. 그 구원은 그리스도를 통한 인간 구원과, 더 나아가 인간 구원을 통한 만물의 구원이었습니다. 즉 그리스도를 통해 인간과 만물을 다 새롭게 하는 것이 구원의 우주적 비전이었습니다. 그래서 주님께서 말씀하셨습니다. "보라 내가 만물을 새롭게 하노라"(계 21:5). 그러므로 구원이 온전히 이루어진 천국에는 회복된 인간만 있지 않고, 사시사철 열매를 맺는 온갖 종류의 나무와 푸른 잎사귀와 강이 있습니다. 또 열매를 맺는 나무가 있으니 각종 꽃들도 있습니다. 천국은 인간만 구원받고 회복된 곳이 아니라 자연까지도 온전히 회복된 곳입니다(계 22:1-2).

...

우리는 자연을 단순히 물질적 대상으로만 바라보면 안 됩니다. 자연은 인간과 더불어 존재하는 하나님의 창조물일 뿐 아니라, 인간 때문에 고통을 당하는 희생자이며, 또한 인간 회복을 통하여 구원받기를 고대하는 존재입니다. 이러한 자연이 인간을 향하여 무슨 소리를 외치고 있는지를 들어야 합니다. 바람 소리, 새 소리, 물 소리 속에 담긴 의미를 깨달아야 합니다. 인간들이 더 이상 자기들의 죄로 인해 자기 자신과 자연에게 고통을 안겨다 주는 존재가 되지 않기를, 인간들이 더 이상 죄의 종으로 살지 않고 하나님의 자녀로 살기를, 또한 자연들에 대한 합당한 대표자로서의 사명을 감당할 수 있기를 바라는 염원을 들어야 합니다.

지금까지 인간은 자신을 향한 자연의 소리가 있다는 것은 생각조차 하지 않고, 마치 자기가 자연의 주인인 것처럼 오로지 자연을 향하여 일방적으로 명령하기만 했습니다. 그러나 이제 인간이 자연의 소리를 들어야 할 차례입니다.

사계절을 위한 기도,
여름의 기도.

여덟 번째, 여름의 기도

주여, 세상이 모두 웰빙을 추구하고 있지만, 진정한 웰빙이 무엇인지 모르고 그저 편하고 건강하고 즐겁게 지내는 것을 웰빙으로 알고 있습니다. 세상이 말하는 웰빙에 따라가지 말고, 진정한 웰빙이 무엇인지 알게 하소서. 하나님이 그 중심에 계신 진정한 웰빙의 삶을 누리게 하소서. 거룩하게 살고, 사랑하며 살고, 삶의 바른 목적을 위하여 살아감으로 참된 웰빙의 삶이 어떤 것인지 보여주는 사람이 되게 해주소서. 아멘.

여름의 기도 8

크리스천 웰빙

웰빙의 바람이 불고 있습니다. 음식, 가전제품, 주택, 문화, 그 어디에도 이 바람이 불지 않는 곳이 없습니다. '잘산다'는 것에 대한 생각이 바뀌고, 생활 방식도 바뀌고 있습니다. 속도의 시대에 느리게 살아가는 마음을 갖자는 슬로비족(slow but better working people)이 생겨나고, 부르주아의 물질적 실리와 보헤미안의 정신적 풍요를 동시에 추구하는 보보스(bobos)족도 있습니다. 주 5일제를 맞이하면서 주말이나 연휴에

야외로 해외로 여행을 떠나는 사람들이 계속 늘어납니다. 정신 수련과 호흡 수련을 하는 사람들도 많이 생겨나고 있습니다. 그리스도인들도 이런 웰빙의 바람을 타고 산으로 바다로 해외로 여행을 많이 다닙니다. 웰빙을 추구하는 것은 좋은 일입니다. 그러나 진짜 웰빙이 어떤 것인지 생각해야 합니다.

...

웰빙은 삶의 다양한 측면이 조화롭게 균형을 이룰 때 가능한 삶입니다. 우리에게 신체적 측면, 심리적 측면, 사회적 측면, 경제적 측면과 같은 다양한 측면들이 있는데, 이런 여러 면들이 조화와 균형을 이루어야지 어느 하나가 빠지면 진정한 웰빙이 될 수 없습니다.

그런데 세상이 열광하는 웰빙의 내용을 잘 살펴보십시오. 삶의 여러 측면들이 다 고려되고 있는데 유독 절대적으로 중요한 삶의 한 측면이 빠져 있습니다. 그것은 영적인 측면입니다. 하나님과의 관계를 빼놓고 웰빙을 생각하고 있는 것입니다. 세상이 말하는 웰빙은 죄 문제를 별로 심각한 문제로 생각하지 않습니다. 그저 내가 만족하고 기분이 좋으면 그것으로 됩니다. 그러나 죄의 문제를 제대로 처리하지 않은 채, 기분 좋게 사는 것이 진짜 웰빙일 수 있을까요? 죄의 용서를 통한 평안함과 기쁨이 없이 그저 몸만 건강하고 편안하면 그것이 곧 참된 웰빙이 될 수 있는 것일까요? 웰빙에는 영적인 측면이 빠지면 안됩니다. 참된 웰빙은 하나님과의 관계가 살아 있는 삶이 되어야 합니다. 그런 점에서 그리스도인이 추구해야 하는 웰빙은 곧 거룩한 삶이라고 할 수 있습니다.

...

 한번 더 세상이 말하는 웰빙을 보십시오. 웰빙의 목적이 무엇입니까? 건강하고 즐겁게 지내는 것입니다. 그런데 이런 삶은 일찍이 쾌락주의 철학자들이 추구했던 삶과 다르지 않습니다. 쾌락주의에는 통속적인 쾌락주의와 정신적 쾌락주의가 있습니다. 통속적 쾌락주의는 몸을 최대한 즐겁게 하자는 것이고, 정신적 쾌락주의는 육체적 쾌락보다 마음의 쾌락을 추구하는 것입니다. 현대의 웰빙은 두 종류의 쾌락주의가 적당히 합쳐진 형태인데, 그 두 종류의 쾌락을 최대한 오래 지속할 수 있도록 자신과 환경을 만들어가는 것입니다.

자신이 즐겁고 행복하게 사는 것을 잘못된 것이라고 할 수 없습니다. 하지만 자신의 즐거움과 행복이 최종 목적이 되고 삶의 유일한 관심이 자기 자신에게만 집중되어, 이런 이기적 관심이 이웃에 대한 관심을 밀어내고 있습니다. 일종의 자아 숭배라고 할 수 있는 개인주의적 삶을 두고 참된 웰빙이라고 말할 수는 없습니다. 이웃에 대한 사랑과 관심이 빠진 삶은 결코 잘 사는 삶이 아니기 때문입니다. 참된 웰빙은 이웃에 대한 사랑이 반드시 포함되어야 합니다. 그런 점에서 그리스도인이 추구해야 하는 웰빙은 사랑하는 삶입니다.

세상이 말하는 웰빙을 다시 한번 더 주목해 보십시오. 그 목표는 자기의 편안함입니다. 편안하게 사는 것이 나쁠 것은 없습니다. 하지만 편안하게 산다는 것을 삶의 목적으로 삼고 산다는 것은 편안함을 희생하고서라도 추구해야 할 보다 높은 가치나 목적이 없다는 말이 되기도 합니다. 솔직하게 말하면 삶의 궁극적인 목적 없이 살고 있는 것입니다. 이런 삶은 본질적으로 허무주의적입니다. 사실 세상적 웰빙이 기초를 두고있는 쾌락주의는 허무주의와 근본적으로 같은 뿌리입니다.

이 세상에서 나의 즐거움 외에 추구할 가치가 없는 삶을 어찌 잘 사는 삶이라고 하겠습니까! 돈도 있고 시간의 여유도 있고 건강도 있는데 이 모든 것을 가지고 오로지 이 땅의 편안함만 추구하는 삶을 어찌 잘 사는 삶이라고 하겠습니까! 참된 웰빙은 높은 목적과 가치를 추구하는 삶이 되어야 합니다. 그런 점에서 그리스도인이 추구해야 하는 웰빙은 목적이 분명한 삶입니다.

잘 먹고 부유하게 살아도 하나님이 그의 삶에 없으면 그 삶은 웰빙이 아닙니다. 내가 편안하게 살아도 고통 받는 이웃에 대한 사랑이 없는 것은 웰빙이 아닙니다. 좋은 집이나 환경이 있어도 궁극적인 삶의 목적이 없으면 그것도 역시 참된 웰빙이 아닙니다. 그리스도인이 추구해야 할 웰빙의 삶은 거룩한 삶, 사랑하는 삶, 그리고 목적이 분명한 삶입니다. 이렇게 하나님과의 영적 관계가 회복된 진정한 웰빙을 살아가는 사람이라야 마지막에 웰다잉(well dying)할 수 있습니다.

・・・

휴가철을 맞아서 웰빙을 위해서 이곳저곳으로 떠날 계획을 세우고 있다면, 어디로 떠날 것인가를 생각하기

전에 진짜 웰빙이 무엇인지를 먼저 생각해 보십시오. 진짜 웰빙이 무엇인지 모르면 아무리 휴가를 잘 다녀와도, 당신은 진정으로 '웰빙'하지 못하고 있다는 것을 알아야 합니다. 여름철, 우리는 껍데기 웰빙이 아니라 진짜 웰빙을 살아야 합니다. 참된 그리스도인의 삶이야말로 진짜 웰빙의 삶이라는 것을 잊지 마십시오.

사계절을 위한 기도,
여름의 기도.

아홉번째, 여름의 기도

주여, 저의 삶에서 얼마나 불평과 불만과 염려가 많았는지 모릅니다. 또 얼마나 원망의 말을 많이 내뱉으면서 살았는지 모릅니다. 그러나 깨닫고 보니 이 모든 것을 매우 인간적인 관점에서만 바라보았기 때문이었습니다. 이제 보다 높은 곳에서 저의 인생을 멀리 바라볼 수 있게 해주소서. 고난이 닥쳐와도 저의 삶이 하나님의 섭리의 손 안에 있음을 믿고 인내하게 하소서. 비록 지금 힘들더라도 주님께 모든 것을 다 맡기고 쉴 수 있게 해주소서. 섭리의 안경을 쓰고 삶을 바라봄으로 더 멀리 보게 하소서. 영원까지 보면서 살게 해주소서. 아멘.

여
름
의
기
도
9

섭리의 빛

산다는 것은 무엇인가를 끊임없이 만난다는 것입니다. 살면서 사람들을 만나고, 여러 가지 사건들도 만납니다. 좋은 사람들을 만나는가 하면, 싫은 사람들도 만납니다. 좋은 일을 만나기도 하고, 어려운 일을 만나기도 합니다. 행운의 햇살이 비칠 때가 있는가 하면, 불행의 소낙비가 쏟아질 때도 있습니다. 우리의 의지와 상관이 없이 일어나는 일들이 얼마나 많이 있는지 모릅니다. 이 중에 마음에 고통을 주는 일을 만나게 될 때,

어떻게 하십니까?

혹시 힘들고 고통스러운 일을 만나면 하나님의 선하심에 대해 의문을 갖고 이렇게 질문하지는 않습니까? '왜 이런 일이?' '왜 하필 나에게?' 이런 질문들로 잠들지 못하는 밤을 보내지만, 그 답을 찾지 못한 채 날카로운 갈고리와 같은 의문 부호에 의해서 마음이 후벼 파임을 당하지는 않으셨습니까? '하나님, 내가 고통을 당할 때 어디에 계셨습니까?'라는 질문이 나중에는 '하나님, 당신께 실망했습니다.'라는 원망으로 바뀌지는 않았습니까? 필립 얀시의 책 제목이기도 한 이런 질문들이 당신에게 생길 때 당신은 어떻게 하십니까?

・・・

아마 그때 답을 찾지 못한 채 문제만을 계속 바라본 적이 있을 것입니다. 그러다가 점점 그 문제 속에 몰입된 적도 있었을 것입니다. 그래서 서서히 그 문제가 당신의 생각과 감정과 의지를 완전히 묶어 버리게 된 적도 있을 것입니다.

이때 필요한 것은 그 문제와 심리적 거리를 두는 것입니다. 쉽지 않지만 이것이 꼭 필요합니다. 그 후에 이제는 문제 자체보다 그 문제를 보는 자신의 관점을 가능한 한 객관적으로 살펴보려고 노력해야 합니다. 왜냐하면 마음을 힘들게 하는 고통의 대부분은 문제 자체보다 문제를 보는 나의 관점에서 생겨나는 경우가 많기 때문입니다. 그러므로 문제를 보는 관점을 바꾸는 것에서부터 문제 해결을 시작하는 것이 중요한 지혜입니다.

문제를 보는 관점을 바꾸려고 하면 우리는 그 문제를 보는 나의 관점이란 낮은 망루에서 내려와야 합니다. 문제를 보는 자리를 옮겨야 합니다. 하나님은 우리를 우리 생각이란 낮은 망루에서 내려와, 보다 높은 곳으로 올라오도록 초청하십니다. 더 높은 전망대에서 문제를 봄으로 보다 멀리 보고, 또 문제의 실체도 제대로 파악하게 하십니다. 그리고 그 문제와 내 삶이 어떻게 관련되어 있는지도 잘 볼 수 있게 하십니다. 우리 모두에게는 나의 제한된 경험과 흥분된 감정의 한계를 넘어서서 인생을 멀리 보게 하는 높은 전망대가 필요합니다. 성경은 그것을 두고 섭리적 관점이라고 부릅니다.

・・・

그곳에서 자신의 삶을 바라 봤던 사람 중에 욥이 있습

니다. 그는 엄청난 고통을 당한 후에 이렇게 고백했습니다. "주신 이도 여호와시요 거두신 이도 여호와시오니 여호와의 이름이 찬송을 받으실지니이다"(욥 1:21). 그의 이 고백은 만약 그가 섭리의 전망대에 서지 않았다면 결코 할 수 없었던 고백입니다. 주님은 참새 한 마리도 그냥 땅에 떨어지지 않는다고 했습니다. 높은 섭리의 전망대에서 내려다 보면 나에게 일어나는 크고 작은 일은 다 하나님의 뜻 안에서 일어나는 것임을 알게 됩니다. 우리 삶에 일어나는 일들 중에 하나님의 관심 밖에서 일어나는 일은 없습니다. 비록 내가 이해하지 못한다 해도 모두 뜻이 있습니다. 다만 그 뜻을 지금 여기서 보지 못하고 있을 뿐입니다.

...

섭리를 영어로 providence라고 합니다. 이 단어는 영어의 provide란 동사와 같은 어원을 가지고 있습니다. 우리에게 우연히 일어나는 것처럼 보이는 것도 하나님께서 준비하신 선물이란 것입니다. 삶을 우연의 관점에서 볼 수 있는가 하면 섭리의 관점에서도 볼 수 있습니다. 우리가 하나님의 이런 섭리를 믿는 마음으로 우리의 삶을 바라볼 수 있다면, 그 믿음은 우리를 삶의 불안과 무의미로부터 자유하게 해줍니다. 칼뱅이 이런 말을 했습니다.

"신적 섭리의 빛이 한번 경건한 자에게 비취면 그는 안도감을 느끼게 되며, 이전에 그를 억누르고 있던 모든 극단적인 불안과 공포로부터 뿐만이 아니라, 모든 근심과 염려로부터도 자유하게 된다. 섭리에 대한 무지는 궁극적 불행이다. 최상의 축복은 하나님의 섭리를 아는 데 있다."

『낮은 울타리』란 잡지에 신상언 선교사의 이런 글이 실렸습니다. 그가 N세대 사역자로서 매우 힘들어 하고 있었을 때, 한 분이 이런 메모를 그에게 남겼답니다. "우리는 우리에게 일어난 모든 상황들을 완전하게 파악할 수도 없고 그런 모든 상황들을 내게 유리한 방향으로 완벽하게 통제할 수도 없습니다. 그러나 우리의 힘과 재능과 노력만으로 메울 수 없는 그 여백에, 하나님의 섭리가 있습니다." 인생의 여백에 섭리가 있다는 말 한 마디에 그 동안 풀리지 않던 질문들로 굳어진 가슴의 응어리가 순식간에 녹아 내리는 것을 느꼈다고 합니다.

· · ·

이해할 수 없는 일들이 일어납니다. 하지만 우리가 어찌 하나님을 다 이해할 수 있겠습니까! 우리는 다만 그분을 신뢰할 수 있을 뿐입니다. 신뢰하기에 이해할 수 없는 일들도 감사의 손으로 받는 것입니다. 어떤 때는 그것을 눈물을 흘리며 울면서 받기도 하지만, 우리는 분명히 믿습니다. 언젠가 이 모든 것이 나를 향한 하나님의 오묘한 사랑이라고 깨닫게 되리라는 것을 말입니다.

여름철에 내리쪼이는 뜨거운 태양과 종종 쏟아 붓는 소낙비도 다 이유가 있습니다. 가을이 오면 여름의 열기와 장마가 왜 있어야 했는지를 알게 되는 것입니다. 한 계절만 보지 말고 일년 전체를 볼 수 있어야 합니다. 한 순간만 보지 말고 일생을 봐야 합니다. 아니 이 땅에서의 생애만이 아니라 영원까지 볼 수 있어야 합니다. 이처럼 더 멀리서 더 높이서 삶을 볼 때, 그런 믿음의 눈을 가리켜 섭리의 관점이라고 합니다.

이제 여름철의 뜨거운 태양의 열기와 퍼붓는 소낙비의 의미를 알았다면, 이제 내 삶에 주어지는 모든 것을 두 팔을 벌려 껴안으십시오. 믿음으로 이 모든 것을 감사함으로 받으십시오. 가을이 오고 일년의 마지막이 올 때, 그때 당신은 분명히 여름철의 더위와 소나기의 의미를 알게 될 것입니다. 그러므로 지금 이 여름이 덥고 힘들다고 해도, 이 주어진 여름을 더욱더 사랑하면서 살아가십시오.

사계절을 위한 기도,
가을의 기도.

가을의 기도

참된 참회가 있을 때,
가을은 단순히
지난날을 후회하는
계절이 아니라
마음을 정결케하고
새롭게 하는 계절이 됩니다

첫번째, 가을의 기도

주여, 인생의 가을과 겨울을 준비 없이 만나지 않게 해주소서. 다가올 하나님의 나라를 바라보면서 살아가는 소망의 삶이 되게 하소서. 또 이미 이곳에 와 있는 하나님 나라를 누리면서 살아가는 성령으로 충만한 삶이 되게 하소서. 봄이 오면 여름이 오고 또 여름이 오면 가을과 겨울이 오듯이, 하나님의 마지막 때가 반드시 온다는 것을 믿고 하루 하루를 살게 하소서. 계절이 바뀔 때마다 지금 무엇을 해야 할 때인지 깨닫게 해주소서. 인생의 사계절을 볼 수 있는 지혜를 주소서. 아멘.

가
을
의

기
도
1

낙엽 하나

어느 가을 날, 낙엽 수북하게 쌓인 길을 홀로 걸을 기회가 있었을 겁니다. 그때 땅에 떨어져 뒹구는 낙엽을 하나 손에 들고 모처럼 이런 저런 상념에 잠기기도 했을 겁니다. 손에 낙엽 하나를 들고서 이 낙엽이 봄에는 아기 손같이 부드러운 새싹이었고, 여름철에는 물오른 싱싱한 이파리였다가, 이제 가을이 되어 낙엽으로 땅에 떨어졌다는 것을 생각하면서, 인생의 짧고 덧없음을 느꼈을 겁니다. 낙엽 하나를 들고 이런 생각에 젖어

들었다면 당신은 낙엽을 들고 있었던 것이 아니라, 사실 인생을 손에 들고 있었던 것입니다. 당신은 낙엽 하나를 통해 봄과 여름 그리고 가을을 거쳐 겨울로 향하는 당신의 일생을 보고 있었기 때문입니다.

낙엽을 통해 인생의 봄과 여름을 되돌아 보면서 이렇게 자문했을 수 있습니다. '이렇게 가을이 빨리 찾아올 줄 알았다면, 봄을 더 충실히 살았을 것을, 아니 여름에 그렇게 욕심부릴 필요가 없었을 것을…' 봄과 여름에 필요했던 인생의 지혜를 가을이 되어야 깨닫고 후회하는 경우가 많습니다. 인생의 봄과 여름을 살면서 가을을 미리 내다 봤다면 우리는 분명 다르게 살았을 텐데 하는 생각이 듭니다.

...

예수님께서 제자들과 함께 예루살렘 성전을 방문하신 적이 있었습니다. 제자들이 예루살렘의 화려하고 웅장한 성전을 올려다 보면서 이런 말을 했습니다. "선생님이여, 보소서. 이 돌들이 어떠하며 이 건물들이 어떠하니이까?"(막 13:1) 이들은 오랜 시간을 들여 지은 성전 건물의 위용에 사로잡혀 있었습니다. 이런 제자들을 향하여 주님께서 말씀하셨습니다. "네가 이 큰 건물들을 보느냐 돌 하나도 돌 위에 남지 않고 다 무너뜨려지리라"(막 13:2). 아무도 무너질 것이라고 생각하지 않았던 그 성전을 향하여 주님께서는 무너질 것이라고 예언하신 것입니다. 성전의 현재 모습에 취해 있었던 제자들에게 주님은 건물로 된 성전의 끝을 보시고, 이를 통하여 역사의 종말까지 설명해 주셨습니다.

유대인의 큰 명절이 일주일 이상 계속되고 있었을 때였습니다. 명절의 마지막 날, 축제 분위기가 절정에 이르렀을 무렵 주님께서 말씀하셨습니다. "누구든지 목마르거든 내게로 와서 마시라"(요 7:37). 사람들이 흥에 겨워 명절의 현재 속에 깊이 파묻혀 있을 때, 주님께서는 명절 이후의 일, 즉 그들이 목마르게 될 때가 올 것을 알게 해주셨습니다.

...

성전의 현재만을 보고 있었던 제자들처럼, 또 명절의 현재에만 취해 있었던 무리들처럼, 우리도 봄과 여름이란 현재에 파묻혀 그 이후를 내다 보지 못하며 살아 왔는지 모릅니다. 가을의 문턱에 와서야 뒤늦게 봄과 여름을 후회하면서 되돌아 볼 것이 아니라, 봄과 여름에 미리 가을과 겨울을 내다 보면서 살아야 했습니다. 가을을 미리 내다보고 살아야 봄과 여름을 제대로 살 수 있었습니다.

가을은 봄과 여름 속에 이미 와 있습니다. 끝은 시작 속에 이미 들어 있고, 미래는 현재 속에 이미 활동하고 있습니다. 웅장한 성전이란 현재 속에 그리스도의 부활하신 몸으로 세울 새로운 성전이 태동하고 있었고, 흥분이 사라져가는 명절의 현재 속으로 샘솟는 생수 같은 성령의 미래가 들어오고 있었습니다. 다가오고 있는 미래를 내다보고 살아야 합니다. 그리고 이미 현재 속에 와 있는 미래를 붙들고 살아야 합니다. 이것을 두고 종말론적 삶의 자세라고 합니다.

내 삶의 현재 속으로 다가오는 하나님의 미래가 있습니다. 그것은 마지막 재림의 날입니다. 이 날을 내다보고 살고 계십니까?

...

내 삶의 현재 속에 이미 들어와 있는 하나님의 미래가 있습니다. 그것은 성령님의 내주와 현존입니다. 우리는 다가올 하나님의 미래를 내다보고 살 뿐 아니라, 그 미래를 가슴에 품고서 오늘을 살아야 합니다. 마지막 날을 내다보면서 살 뿐 아니라, 성령님을 따라서 살아야 합니다. 이런 종말론적 삶의 자세를 깨닫게 되었다면, 낙엽 하나를 들고 있는 당신은 지금 당신의 인생을 손에 들고 있는 것입니다. 당신을 향한 하나님의 조용한 음성을 듣고 있는 것입니다. 가을입니다. 낙엽 하나를 손에 들어 보십시오. 그리고 기도하십시오. 낙엽을 통해서 인생을 보게 해달라고 말입니다.

두 번째, 가을의 기도

주여, 주께서 저의 곁에서 어떤 소리를 듣고 계십니까? 늘 '불불덜컥'하는 소리를 듣고 계시지는 않으십니까? 죄송합니다, 주님. '기쁨, 기도, 감사'하는 소리가 저의 삶에서 나게 해주소서. 저의 곁에서 바닷가에서 나는 파도 소리처럼 시원한 소리가 나게 하소서. 산 속의 새에게서 나는 맑고 청아한 소리가 나게 하소서. 사람들이 저의 곁에서 행복의 소리를 듣게 해주소서. '기기감감'의 소리가 저의 삶에서 끊이지 않게 해주소서. 아멘.

가을의 기도 2

당신에게서 들리는 소리

기차는 '칙칙폭폭' 소리를 내며 지나가고, 자동차는 '부릉부릉' 소리를 내며 달립니다. 바람은 불 때 '쉬익쉬익'하는 소리를 내고, 파도는 밀려 올 때 '철썩철썩'하는 소리를 냅니다. 그렇다면 사람이 살아갈 때는 사람에게서 어떤 소리가 나야 할까요?

사람들은 언어를 사용하며 삽니다. 많은 단어들이 있고 그 단어들로 무수한 문장들을 만들어 냅니다. 그런데 우리들이 사용하는 그 많은 문장들을 가만히 살펴보면 그 속에서 자주 쓰는 몇 개의 핵심 단어들을 찾아낼 수 있습니다. 언어학자들은 다양한 문장들의 심층 구조를 조사해서 그것으로부터 몇 가지 형태의 문법 구조를 찾아내기도 하고, 음악가들은 긴 교향곡에서 반복되는 몇 개의 핵심적인 가락을 찾아냅니다. 이처럼 우리들이 다양한 언어로 만드는 무수한 문장들을 자세히 들여다보면, 그 속에 비슷한 뜻을 가진 유사 언어군을 찾을 수 있고, 또 그 안에서 몇 개의 기본적인 단어들이 계속 반복되고 있음을 알게 됩니다.

 만약 삶이 불평과 불만과 염려와 걱정에 사로잡혀 있다면, 우리가 사용하는 다양한 단어와 표현들은 결국 '불평, 불만, 덜만족, 걱정'이란 몇 단어들이 만드는 변주곡이라고 할 수 있습니다. 이 사람의 곁에 가보면 그들에게서 '불불덜컥'이란 소리가 납니다. 왜냐하면 이들이 사용하는 많은 문장에는 '불평, 불만, 덜만족, 걱정'이란 몇 단어들이 계속해서 반복되기 때문입니다. '불불덜컥'하는 소리를 내면서 살아가는 사람은 '덜컹덜컹'하는 소리를 요란하게 내지만 제대로 달려가지 못하는 고장난 기차와 같습니다.

밀려오는 파도가 '철썩철썩'하는 소리를 내야 파도이고, 바람이 '쉬익쉬익'하는 소리를 내야 바람이라면, 모름지기 그리스도인은 무슨 소리를 낼 때 비로소 그리스도인답다고 말할 수 있는 것일까요?

...

초대 교회 그리스도인들이 사용한 많은 표현들 속에 늘 깔려있는 몇 가지 단어들이 있었습니다. 그것은 '기쁨, 기도, 감사'라는 단어였습니다. "항상 기뻐하라, 쉬지 말고 기도하라, 범사에 감사하라"(살전 5:16-18)라고 말씀에 기록된 세 가지 단어는 그들의 삶의 모든 표현 속에 깔린 배경 음악이요 라이프 모티프였습니다. 이 세 단어를 빨리 말하면 마치 그 단어의 첫 글자를 딴 '기기감감'(기쁨, 기도, 감사, 또 감사)처럼 들립니다. 군인들이 행진할 때에는 '하나 둘 셋'하는 힘찬 구호가 들리듯이, 초대 그리스도인의 삶의 걸음걸이에는 언제나 '기기감감'의 소리가 들렸습니다.

많은 이들의 기도에는 요구하는 내용이 많습니다. 깊은 묵상이 없이 같은 말을 반복하기도 합니다. 이들의 기도를 들어보면 '불불덜컥'의 소리가 납니다. 초대 그리스도인들은 가장 중요하고 핵심적인 단어들을 반복적으로 외우면서 기도했습니다. 그들의 기도 속에는 언제나 '기기감감'의 소리가 들렸습니다. 기도를 통해서 가슴에 깊게 새겨진 그 단어들은 그들의 삶에서 살아 움직였습니다.

...

 오늘날 점점 더 많은 단어들이 생겨나고, 또 다양한 표현들이 나타납니다. 하지만 아무리 그 표현들이 많고 다양하다고 해도, 그것들 속에서 계속 반복되는 핵심 단어가 있습니다. 그것은 자기, 이익, 욕망, 불안과 같은 단어들 입니다. 그러나 그리스도인은 어떤 소리를 내야 할까요? 바람은 '쉬익쉬익'하는 소리를 낼 때 비로소 바람이고, 파도는 '철썩철썩'할 때 비로소 파도입니다. 그리스도인은 '기기감감'하는 소리를 내면서 살 때 비로소 그리스도인입니다. '칙칙폭폭'하는 소리를 내지 않는 기차는 움직이지 않는 것이고, '부릉부릉'하는 소리를 내지 않는 자동차는 달리지 못하고 있는 것입니다. 이처럼 '기기감감'의 소리를 내지 않는 그리스도인은 정지한 기차나 고장 난 자동차처럼 멈추어 있는 것입니다. 사람들이 당신의 곁에 가면 무슨 소리를 듣는지 생각해 보십시오. 주님은 당신에게서 무슨 소리를 듣는지도 생각해 보십시오. 당신 곁에 가면 언제나 '기기감감'의 소리가 들리기를 바랍니다.

세 번째,
가을의 기도

주여, 저의 신앙생활이 많은 변화를 가져오지 못했습니다. 진리를 단지 지식으로 알고 있으면서 실제로 알고 있는 것처럼 착각하면서 살기도 했습니다. 삶은 전혀 변화하지 않았지만 마음은 늘 교만했습니다. 이제 말씀을 아는 지식적 신앙이 아니라 말씀을 실천하는 신앙이 되게 해주소서. 한 말씀을 붙잡고 삶의 자리에서 거듭 적용하여 말씀이 죽은 지식이 아니라, 삶을 변화시키는 산 진리가 되게 해주소서. 아멘.

가
을
의

기
도
3

경건의 연습

폴란드인 이그나치 얀 파데레프스키는 위대한 피아니스트였습니다. 그러나 그의 '위대함'은 쉽게 오지 않았습니다. 그는 한 개의 소절을 수십 번씩 되풀이하며 정확하게 칠 수 있을 때까지 연습했습니다. 한 연주회에서 그는 '당신은 정말 천재입니다'라는 칭찬을 받았을 때, 그는 웃으면서 이렇게 대답했다고 합니다. '저는 천재가 아니라 단지 연습을 많이 한 것뿐입니다.' 예술의 탁월한 경지는 반복되는 연습을 통해서 온다는 것은 잘 알려져 있는 사실입니다. 그러나 이것은 예술 분야만이 아니라 운동도 마찬가지입니다. 화면에 비치는 훌륭한 운동선수의 뛰어난 경기 장면을 보고 감탄만 할 것이 아니라, 우리는 그 뒤에 피나는 연습이 있었음을 알아야 합니다.

 잘못된 습관 하나를 바꾸는 것도 많은 훈련이 있은 후에야 가능하고, 기술도 수많은 연습이 있은 후에야 가능합니다. 마찬가지로 오랫동안 굳어진 삶의 습관을 바꾸고 인격을 도야하기 위해서도 역시 반복되는 연습이 필요합니다. 참아야 한다는 것을 누가 모르겠습니까? 그러나 그것은 머리로 되는 것이 아니라 참는 연습을 통해서 됩니다. 매사에 부정적으로 보고 그렇게 생각하는 것이 습관으로 굳어진 사람이 있다면, 그것은 단번에 고쳐지지 않습니다. 부단하게 긍정적인 면을 보도록 연습하고 훈련해야 비로소 그 습관이 조금씩 고쳐집니다.

 신앙생활도 예외가 아닙니다. 어떤 사람들은 신앙생활을 어느 순간의 깨달음을 통해서 완성되는 것처럼 생각하곤 합니다. 그래서 바울과 같은 한번의 극적인 순간을 기다리기도 합니다. 그러나 바울도 예수님을 만나는

극적인 순간이 있은 후에 아라비아 사막에 가서 3년동안 신앙을 연습했음을 잊어서는 안됩니다. 신앙에서 중요한 것은 한번의 큰 은혜를 받는 것이 아니라, 작은 은혜라도 그것을 내 마음에 계속해서 새기고 연습하는 것입니다. 그렇게 반복하여 적용할 때 변화가 일어나는 것입니다. 열 가지 진리를 듣는 것보다, 들은 한 가지 진리를 실천하는 것이 더 좋습니다. 왜냐하면 실천한 진리가 삶을 바꾸기 때문입니다.

...

 신앙적 진리는 이처럼 거듭되는 적용과 연습이 필요하기에 바울은 디모데에게 이렇게 말했습니다. "경건에 이르기를 연습하라"(딤전 4:7). "이 모든 일에 전심전력하라"(딤전 4:15). 진리가 있어도 연습하지 않으면 그 진리는 내 생각의 습관과 가치관을 바꾸는 힘이 되지 못합니다. 고쳐야 할 삶은 여전히 그대로 남아 있게 됩니다. 이것이 바울 사도가 신앙을 전투에 비유하면서 "믿음의 선한 싸움을 싸우라"(딤전 6:12)고 말한 이유입니다.

 교육 전문가들은, 변화를 일으키는 진리는 강의나 수

업을 통해 머리로 전달되는 인지적 지식이 아니라고 합니다. 사람들은 머리로 알고 있는 지식이 곧 자신이 그렇게 변한 것이라고 생각하는 경우가 많습니다. 그러나 머리로 '아는' 지식은 그 사람이 마치 실제로 '알고' 있는 것처럼 자신을 속게 하고, 또 자신이 무엇이 된 것처럼 교만하게 만듭니다. 그러나 계속 반복하여 연습하고 적용한 지식은 자신이 얼마나 제대로 알지 못하는지, 얼마나 바뀌지 않았는지를 깨닫게 함으로 겸손하게 하고, 또 실제로 그를 변화시켜 갑니다. 진리가 머리 속의 지식으로 머무느냐, 아니면 삶을 변화시키는 힘이 되게 하느냐의 차이는 연습하느냐 하지 않느냐에 달려 있습니다.

...

 신앙은 진리를 적용하고 실천함으로 삶을 바꾸어 가는 과정입니다. 혹시 나는 훈련하지 않고서 어느 날 저절로 신앙이 성장할 것을 기대하고 있는 것은 아닙니까? 하나의 운동을 몸에 익히는데도 연습장에 가서 거듭 반복해서 훈련해야 한다면, 신앙을 내 삶에 익히는 데는 더더욱 많은 연습이 필요하지 않겠습니까! 신앙은 '온 마음과 온 몸으로 배우는 것'입니다. 말씀의 진리를 연습하고 훈련하십시오. 육체의 연습은 약간의 유익이 있으나 경건의 훈련은 범사에 유익하고, 육체의 연습은 금생에 약간의 유익이 있으나, 경건의 연습은 금생과 내생에 유익이 있고 보장된 약속이 있습니다(딤전 4:8). 당신의 신앙에 큰 진보가 있기를 바랍니다.

네 번째, 가을의 기도

주여, 저의 작은 기도소리를 들으시니 감사합니다. 기도하면 하나님께서 일하시고 응답하신다는 약속을 굳게 붙들게 하소서. 저의 노력만 의지하지 않고 더욱 더 힘써 기도하게 하소서. 또한 더욱 힘써 행하게 하소서. 섬기고 사랑하게 하소서. 이런 행동이 또 하나의 기도가 되게 하소서. 더욱 더 믿음으로 기도하게 하시고, 더욱 더 사랑으로 행하게 하소서. 아멘.

가
을
의
기
도
4

기도, 가장 위대한 행동

기도와 행동, 이 두 단어는 서로 아무런 관계가 없는 것처럼 보입니다. 왜냐하면 기도한다는 것은 곧 행동하지 않는 것이고, 행동한다는 것은 곧 기도하지 않는 것처럼 들리기 때문입니다. 하지만 가만히 생각해 보십시오. 기도야말로 가장 위대한 행동이요, 또 행동이야말로 참으로 위대한 기도입니다.

기도는 겉으로 볼 때 행동이랄 것이 그 속에 전혀 없어 보입니다. 행동이라 해야 고작 겨우 입술로 말하는 것,

아니면 침묵 가운데 조용히 앉아 있는 정도입니다. 그러나 이 기도는 사실 그 어떤 행동들보다 더 강력한 행동입니다. 그 이유는 기도는 먼저 기도자 자신까지 바꾸고 변화시키기 때문입니다. 우리가 하는 행동들 중에 우리 자신을 바꿀 수 있는 강력한 힘을 가진 행동은 별로 없습니다.

도끼로 나무를 패는 것을 생각해 보십시오. 나무를 패는 행동도 중요하지만 그에 앞서서 도끼의 날을 가는 것이 더 우선적입니다. 우리가 외적 상황을 바꾸기 위해 노력하는 행동들도 중요하지만, 그보다 행동하는 자의 자세를 새롭게 하는 행동은 더 근본적입니다. 기도는 이렇게 더 우선적이고 더 근본적인 행동에 속합니다. 실로 기도는 기도자에게 높은 비전과 바른 목적을 갖게 해주고, 마음의 상처를 치료해주며, 사람을 새롭게 빚어내는 조용하지만 매우 강력한 행동이라고 할 수 있습니다. 그런 점에서 기도는 위대한 행동입니다.

· · ·

기도는 사람의 변화를 가져오는데, 이렇게 일어난 한 사람의 변화는 단순히 한 개인의 변화에 그치지 않습니다. 이 변화는 세상에 매우 중대한 변화를 일으킵니다. 일의 외적 상황만이 아니라 행동하는 사람의 내면이 변화되면, 그 사람의 내적 변화는 그가 맺는 모든 관계와 삶의 다른 영역을 점차적으로 변화시켜 가기 때문입니다. 이렇게 이루어지는 변화는 피상적이지 않고 매우 확실한 변화를 세상에 가져옵니다. 이렇게 볼 때 한 사람을 변화시킴으로 세상을 변화시켜가는 기도야말로 위대한 행동이 아닐 수 없습니다.

그런데 기도가 가장 위대한 행동이 되는 핵심적 이유가 있습니다. 그것은 기도가 하나님으로 하여금 일하시게 하기 때문입니다. 기도는 마치 기도하는 이 혼자서 몸부림치는 행동인 것처럼 보입니다. 하지만 성경이 말씀합니다. "너는 내게 부르짖으라. 내가 네게 응답하겠고 네가 알지 못하는 크고 은밀한 일을 네게 보이리라"(렘 33:3). 우리의 말이나 행동들 중에서 하나님으로 하여금 일하시게 만들 수 있는 것이 어디 있습니까? 아무리 유창하게 말하고, 아무리 크게 소리치고, 아무리 특별하게 행동한다고 해도, 그것들이 하나님을 움직이게 하지는 못합니다. 그러나 기도는 그것을 합니다.

기도가 하나님으로 일하시게 하기 때문에 기도야말로 가장 위대한 행동이 되는 것입니다.

 기도는 혼자 들릴 만큼 작은 소리이지만, 이 작은 기도의 소리는 사탄을 떨게 하는 큰 소리입니다. 어떤 인간의 말이 사탄으로 떨게 할 수 있습니까? 그러나 기도는 그 일을 하는 위대한 행동입니다. 빨리 돌아가는 팽이가 겉으로는 전혀 움직이지 않는 것처럼 보이나 그 속에 엄청난 회전이 일어나고 있듯이, 기도도 겉으로 조용하고 아무런 일이 일어나지 않는 것처럼 보이지만, 그 속에서 가장 위대한 일이 일어나고 있는 것입니다.

. . .

 우리의 작은 기도가 위대한 행동이라면, 우리의 작은 행동이 위대한 기도가 될 수 있음을 알아야 합니다. 이 세상 속의 삶은 여러 행동들로 이루어져 있습니다. 대부분의 행동들은 일상적으로 반복될 뿐이거나, 사람들에게 잠시 기억될 정도입니다. 그러나 우리의 작고 평범한 행동들이 우리가 생각하는 이상의 놀라운 의미를 지닐 수 있습니다. 왜냐하면 하나님과 이웃을 사랑하면서 행한 작은 행동들을 하나님께서 기억하시기 때문입니다.

 그리스도의 이름으로 어려운 처지에 있는 사람에게 도움을 주고, 형편이 딱한 이웃을 돕고, 아픈 사람을 찾아가 위로했습니다. 이것들은 본인 조차도 잊어버릴 수 있는 작은 행동들입니다. 하지만 놀랍게도 바로 이런 행동들을 마지막 날에 주님께서 잊지 않고 기억하고 계십니다. 마지막 날까지 그것을 마음 깊숙한 곳에 담아 놓고 계시다가 이렇게 말씀하십니다. 그들에게 한 것이 "곧 나에게 한 것이니라"(마 25:40). 이웃에 대한 사랑으로 행한 작고 평범한 행동 하나가 하나님의 가슴을 울리는 기도가 된 셈입니다. 놀라운 일이 아닙니까! 이처럼 우리의 작은 사랑의 행동은 하나님께 들리는 기도가 되는 것입니다.

 기도와 행동은 둘이 아닙니다. 말로 드리는 기도와 삶 속에서 살아가는 삶은 둘이 아닙니다. 삶 속에서 기도와 행동이 하나임을 깨닫게 될 때, 또 이 둘을 하나로 경험할 때 우리에게 삶의 새로운 지평이 열립니다. 진실한 기도는 위대한 행동이요, 사랑의 행동은 위대한 기도입니다.

다섯 번째, 가을의 기도

주여, 눈에 보이는 현실보다 더 깊고 더 분명한 영적 현실이 있음을 깨닫게 해주옵소서. 이제 감각과 느낌을 따라서 살지 말고, 주께서 말씀하신 진리를 따라서 살게 하소서. 두려운 생각이 들어도 그 느낌이 나를 지배하도록 허락하지 않고, 오히려 진리를 따라 생각하고 말하고 행동하게 하소서. 하나님께서 지금 나와 함께 하신다는 사실이 지금 이곳에서 눈으로 보고 귀로 듣는 현실만큼 생생하게 체험되는 현실이 되게 하소서. 아멘.

가
을
의

기
도
5

하나님의 임재훈련

마태복음의 첫 장에 보면 천사가 요셉에게 나타나 마리아에게서 태어날 아기의 이름을 알려주는 사건이 나옵니다. 그 이름은 '예수'였고, 그 뜻은 '백성을 저희 죄에서 구원할 자'였습니다. 마태는 이 사건이 구약의 예언이 성취된 것임을 깨닫고, 선지자의 예언을 인용합니다. "보라 처녀가 잉태하여 아들을 낳을 것이요 그 이름은 임마누엘이라 하리라"(사 7:14). 예수님의 또 다른 이름은 "임마누엘"(마 1:23)로서 그 뜻은 '하나님이 우리와 함께 계시다'는 것입니다. 마태복음은 임마누엘이란 이름으로 첫 장을 시작한 후에 마지막 장을 이렇게 끝냅니다. "볼지어다. 내가 세상 끝날까지 너희와 항상 함께 있으리라"(마 28:20). '임마누엘'이신 예수님의 탄생으로 첫 장을 연 마태복음은 그 책을 "우리와 항상 함께 계시겠다"는 '임마누엘'의 약속으로 닫습니다.

우리의 삶은 마치 한 권의 책을 쓰는 것과 같습니다. 우리 삶의 책의 페이지마다 우리가 겪은 수많은 사건들과 만난 여러 사람들에 대한 이야기가 기록되어 있습니다. 지금도 이 책의 페이지는 계속해서 기록되고 있고, 여러 이야기들로 채워져 가고 있습니다. 여러 사건을 만나면서 우리는 삶의 이야기를 만들어가고 있습니다. 하지만 내 삶의 이야기 책 속에 참여하고 계시는 또 한 분이 계십니다. 그 분은 잘 보이지 않지만 내 삶의 책의 페이지마다 그곳에 계시고, 그 마지막 페이지를 쓸 때까지 늘 함께 계십니다. 그분의 이름은 '임마누엘'이십니다.

'하나님이 우리와 함께 계신다'는 사실은 눈으로 보거

나 귀로 들리거나 손으로 만져지는 감각적 현실과는 다릅니다. 이성을 통해서 파악되는 어떤 관념과도 다릅니다. 이 사실은 감각과 이성과 경험을 넘어서는 현실이기에, 우리들은 이 현실을 잘 믿지 못합니다. 하지만 임마누엘은 우리의 주관적인 생각과 느낌을 넘어서 존재하는 영적 현실입니다. 삶은 여러 겹의 현실들로 둘러 싸여 있습니다. 눈에 보이는 피상적인 현실이 있는가 하면, 현실을 여러 인과 관계 속에서 만들어낸 보다 깊은 현실도 있습니다. 그러나 그 너머에 더 근원적인 영적 현실이 있습니다. 우리는 보통 보이는 현실에 대한 나의 느낌을 따라 살거나, 아니면 그 현실에 대한 나의 생각을 따라 삽니다. 하지만 성경은 보이지 않으나 분명히 존재하는 영적 현실을 믿고 살라고 가르칩니다. 어떻게 하나님이 우리와 함께 계신다는 영적인 현실을 누리면서 살아갈 수 있을까요?

...

먼저 우리는 영적 현실을 마음으로 의식하려고 노력해야 합니다. 우리가 호흡하면서 사는 공기의 존재는 엄연한 현실이지만, 공기가 내 속으로 들어왔다가 나갔다

하는 것을 늘 느끼면서 사는 것은 아닙니다. 그러나 문득 호흡 자체를 깊이 의식하게 되면 살아있다는 것 자체에 대한 새로운 느낌을 갖게 되고, 우리는 공기에 절대적으로 의존해 살고 있는 피조물이라는 것을 더욱 깊이 깨닫게 됩니다. 엄연한 현실도 의식하느냐 그렇지 않으냐에 따라 우리에게 미치는 영향이 이렇게 다르듯이, 영적인 현실도 그렇습니다. 임마누엘이란 영적 현실을 의식하면서 사는 것과 그렇지 않는 것은 삶에서 많은 차이를 만들어냅니다. 그러므로 우리는 영적 현실의 존재를 의식하려고 노력해야 합니다.

…

둘째는 영적인 현실을 막연히 의식하는 것으로 그치지 않고, 그 영적 현실을 현실로 인정하는 고백을 해야 합니다. 입술로 고백하지 않으면 우리는 영적 현실을 머리 속에서 가상적으로만 생각하게 됩니다. 그러므로 엄연히 존재하지만 우리가 잘 깨닫지 못하는 그 현실을 깨닫기 위해서는 입술의 고백을 통해서 영과 마음을 훈련시켜야 합니다. 그러면 영적 현실을 잘 감지하지 못하는 무디어진 영적 감각이 조금씩 깨어납니다. 그러므로 입으로 고백하는 훈련을 해야 합니다.

...

 셋째는 임마누엘의 현실이 실체인 것으로 "여기면서"(롬6:11) 행동해야 합니다. 다리가 튼튼하다는 것을 안다면, 그것이 결코 무너지지 않을 것이라고 여기고 담대하게 다리를 건너는 행동이 있어야 합니다. 임마누엘 그리스도의 현존이 분명한 현실이라고 고백한다면, 그것을 현실로 여기고 담대하게 행동해야 합니다. 우리는 보는 것으로 행하지 않고 믿음으로 행해야 합니다(고후 5:7). 개인의 느낌이나 체험에 기초해서 행동하기 보다는, 영적인 사실에 기초해서 행동해야 합니다.

...

 마음이 불안합니까? 하나님이 우리와 함께 하신다는 것은 우리가 의식하건 아니건 분명한 약속이요 또한 확실한 영적 현실입니다. 그 영적인 현실을 바라보십시오. 염려와 근심에 빠져 있습니까? 영적 현실을 사실로 인정하는 믿음의 훈련을 하십시오. 하나님께서 바로 내 곁에 계시다는 사실을 자꾸 기억하고 또 의식하려고 노력하십시오. 생각을 바꾸십시오. 영적 진리를 담대하게 선포하고 말하십시오. 그리고 행동하십시오. 믿음은 영적인 현실을 따라 생각하고, 말하고 행동하는 것입니다. 이렇게 하면 가정에서나 학교에서 또한 일터에서 내 인생의 페이지를 써갈 때마다, 그 속에 내 삶의 이야기를 함께 써가는 분이 실제로 계시다는 것을 체험할 것입니다. '하나님께서 우리와 함께 계신다는 영적 현실이 구체적인 삶 속에서 매일 체험되는 생생한 현실이' 되기를 바랍니다.

사계절을 위한 기도,
가을의 기도.

여섯번째, 가을의 기도

주여, 주께서 주신 언어는 소중한 축복의 도구였으나 그 소중한 도구인 말을 잘못 사용하여 남에게 상처를 주기도 하고, 저의 삶을 무너지게도 했습니다. 이제부터는 순간적 느낌을 따라 말하거나 외적 상황에 수동적으로 반응하면서 말하기 보다는, 하나님의 진리를 따라 말하며 살게 하소서. 아무리 환경이 힘들어도 믿음과 소망과 사랑의 말을 하게 하소서. 저의 입술에 파수꾼을 세워주소서. 아멘.

가
을
의

기
도
6

회복을 위한 언어

오늘날 이 놀라운 문명과 문화들을 만든 가장 위대한 힘은 무엇일까요? 그것은 다름이 아닌 바로 '언어'입니다. 인간이 가진 것 중에서 언어만큼 위대한 도구는 없습니다. 성경에는 아담이 각종 생물들에게 이름을 붙이면서 에덴동산을 다스렸다는 기록이 있는데, 이는 인간이 언어란 도구로 세상을 다스렸다는 말입니다. 실제로 역사를 보면 인간들은 언어로 지식을 정리하고 축적하고 또 전달하면서 문명과 문화를 만들어 왔습니다.

오늘날 정보사회는 그 어떤 때보다 이런 언어의 강력한 능력을 잘 보여주고 있습니다. 실로 언어야말로 인간이 물질 세상을 다스리는 가장 강력한 도구입니다.

그런데 이 언어는 세상에 큰 영향력을 행사하는 힘일 뿐 아니라, 언어를 사용하는 인간들에게도 매우 강한 영향력을 미치는 힘입니다. 상대에게 무심코 던진 한 마디 말이 인생의 전환점을 만들기도 하고, 평생 지워지지 않는 큰 상처를 남기기도 합니다. 말은 말을 듣는 상대에게 큰 영향을 미치는 것입니다.

하지만 말은 말을 듣는 사람에게만 영향을 미치지 않고, 말을 하는 자기 자신에게도 매우 큰 영향을 끼칩니다. 말이 말하는 자신에게 미치는 영향력이 얼마나 큰지 성경은 그것을 숲을 태우는 성냥불, 배를 움직이는 키에 비유하기도 했습니다. 실제로 이 비유처럼 말이란 말을 듣는 상대방의 귓전에서 끝나는 것이 아니라, 언제나 부메랑처럼 말하는 나에게로 되돌아와서 영향을 미칩니다. 이 점을 알았던 지혜자 솔로몬은 이야기합니다. "네 입의 말로 네가 얽혔으며 네 입의 말로 인하여 잡히게 되었느니라"(잠 6:2).

실로 언어는 세상을 향하여, 타인을 향하여, 무엇보다 자기 자신을 향하여 엄청난 영향력을 미치기 때문에, 매우 유익한 도구이기도 하지만 동시에 매우 위험한 도구가 되는 것입니다. 성경에서 "죽고 사는 것이 혀의 힘에 달렸나니 혀를 쓰기 좋아하는 자는 그 열매를 먹으리라"(잠 18:21)고 하신 이유가 여기에 있습니다. 우리는 매우 유익하면서도 동시에 위험한 도구인 언어를 매일 수없이 사용하면서 살아갑니다. 이 언어가 타인과 자기 자신에게 어떤 힘을 행사하는지 깊이 의식하지도 못한 채 말입니다. 만약 말이 지닌 영향력을 조금이라도 안다면, 우리는 말을 바르게 사용하려고 매우 조심하며 노력해야 할 것입니다. 그러면 위험하지만 동시에 축복된 도구인 언어를 어떻게 사용해야 할까요?

우리는 믿음의 언어를 사용하려고 노력해야 합니다. 우리는 종종 '나는 할 수 없다'는 말을 합니다. 이 말은 우리의 연약함을 고백하는 겸손의 의미로 사용될 수 있습니다. 하나님 앞에서 겸손해야 함이 마땅합니다. 하지만 능력의 하나님께서 함께 하심에도 불구하고 여전히 "나는 할 수 없다"는 말만 되풀이 한다면 어떻게 됩니까? 그 말은 겸손의 말이 아니라 불신앙의 말이 됩니다. 그렇다고 '나는 할 수 있다'고 자기를 향하여 반복해서 이야기하는 말이 신앙의 언어는 아닙니다. 그런 적극적인 사고방식은 '할 수 있다'는 믿음 자체를 믿는 것이고, 또 인간의 생각의 힘을 믿는 인본주의적 사고입니다. 믿음의 언어는 '적극적 사고방식'에서 말하는 언어 훈련이 아닙니다.

・・・

우리는 두 가지 사실을 명심하고 말해야 합니다. 하나는 우리는 연약한 존재라는 것이고, 또 하나는 능력의 하나님께서 함께 계신다는 것입니다. 만약 우리가 연약한 존재라는 것을 잊어버린 채, 무조건 '나는 할 수 있다'고 말한다면 그것은 필시 교만의 말이 됩니다. 반면에 하나님의 능력을 믿지 않고서 늘 '나는 할 수 없다'라고 말한다면 그것은 불신앙의 말이 됩니다.

그러므로 우리는 말할 때 늘 '우리는 약하지만, 하나님은 강하다'는 이 두 가지 사실을 명심하면서 말하도록 노력해야 합니다. 이 사실을 잘 안다면 우리는 사도 바울처럼 이렇게 말하게 됩니다. "내게 능력 주시는 자

안에서 내가 모든 것을 할 수 있느니라"(빌 4:13). 이 말 속에는 나의 연약함과 하나님의 전능하심이 함께 들어 있습니다. "나는 할 수 있다"가 아니라 "주님 안에서 나는 할 수 있다"는 말은 겸손의 말이면서 동시에 믿음의 말이 됩니다. 모든 상황 속에서 이런 믿음의 말을 하면서 살아가십시오.

...

 우리는 또한 소망의 말을 사용하려고 노력해야 합니다. 우리는 매일의 삶에서 얼마나 염려와 불안의 말을 많이 사용하면서 사는지 모릅니다. 내일에 대한 염려 때문에 절망이 담긴 말을 내뱉고 삽니다. 하지만 이것은 하나님의 보호하심과 인도하심을 무시하는 말이 됩니다. 그런가 하면 내일이 마치 자기 손에 있는 것처럼, 자신있게 나는 반드시 성공할 것이라고 말하며 사는 경우도 있습니다. 이런 사람은 어느 날 어느 도시에 가서 사업을 해 큰 돈을 분명히 벌 수 있을 것이라고 호언장담하지만, 자신의 내일이 그의 손에 달려 있지 않음을 깨닫지 못하는 야고보 사도가 말하는 어리석은 자입니다(약 4:13-14).

우리는 말을 사용할 때 두 가지 영적 진실을 잊지 말아야 합니다. 하나는 우리는 오 분 후의 일도 모르는 유한한 존재라는 것이고, 또 하나는 우리의 미래는 선하신 하나님의 손에 달려 있다는 것입니다. 이 두 가지를 안다면 우리는 우리의 유한함을 망각하는 헛된 교만의 말이나, 하나님의 선함을 믿지 못하는 염려와 불안의 말을 사용하지 않을 것입니다. 대신 이렇게 말하게 됩니다. "하나님을 사랑하는 자 곧 그의 뜻대로 부르심을 입은 자에게는 모든 것이 합력하여 선을 이루느니라"(롬8:28). 이 말 속에는 우리의 유한함과 하나님의 인도하심에 대한 고백이 들어 있습니다. 아무리 이 세상의 고난과 어려움이 있어도, 우리는 하나님의 선하심을 믿는 소망의 말을 하면서 살아가야 합니다.

...

무엇보다 우리는 사랑의 말을 해야 합니다. 사람들은 자신의 존재 가치를 외적인 조건에서 찾고, 또 상대와의 비교에서 찾으려 합니다. 그것에 따라서 자신을 매우 가치 있게 여기는 교만에 빠지기도 하고, 스스로를 무가치하게 여기는 자기 연민에 떨어지기도 합니다. 둘다 참된 자기를 잊고 사는 것입니다.

 우리는 두 가지 진리를 인정하는 말을 해야 합니다. 하나는 우리가 아무리 잘나 보여도 하나님 앞에서 큰 죄인이며 심판을 받아야 마땅한 무가치한 존재라는 것이고, 또 다른 하나는 하나님은 우리를 외모와 조건과 상관이 없이 사랑한다는 것입니다. 십자가를 생각해 보십시오. 십자가는 우리가 십자가에 못박힐 만큼 심각한 죄인임을 말해주면서, 동시에 우리는 하나님께서 독생자를 대가로 지불하실 만큼 소중한 존재라는 것도 말해줍니다. 하나님의 사랑 때문에 우리에게는 이런 역설이 존재합니다. 우리는 가장 무가치한 죄인이면서 동시에 천하보다 가치 있는 의인이라는 역설 말입니다.

 이 두 가지 영적 사실을 깊이 인식한다면 우리는 이렇게 말해야 합니다. "높음이나 깊음이나 다른 어떤 피조물이라도 우리를 우리 주 예수 그리스도 안에 있는 하나님의 사랑에서 끊을 수 없느니라"(롬 8:39). 이 말 속에는 우리의 존재에 대한 깨달음과 하나님의 사랑에 대한 확신이 함께 들어 있습니다. 비록 우리는 무가치한 죄인이지만 하나님께서 나와 이웃을 천하보다 가치 있게 여기신다는 사랑의 말을 하면서 살아야 합니다. 이것이 우리가 사용해야 할 사랑의 말입니다.

...

 언어가 문명을 만들어 왔듯이 언어가 우리의 삶을 만듭니다. 우리는 느낌이나 외적 환경에 기초한 말보다는 성경에 나타난 영적 진리에 기초한 말을 하도록 노력해야 합니다. 하나님은 능력의 하나님이시며, 선하신 하나님이며 사랑의 하나님이십니다. 이런 하나님에 관한 영적 진리를 계속 시인하고 고백하십시오. 우리가 믿음과 소망과 사랑의 말의 씨를 우리의 삶에다 계속 뿌리면, 반드시 그 말의 씨앗으로 열매가 맺힐 것입니다. 그리고 우리는 우리가 뿌린 그 말의 열매를 먹고 살게 될 것입니다.

사계절을 위한 기도,
가을의 기도.

일곱 번째, 가을의 기도

주여, 제자들이 그랬던 것처럼 저에게 기도를 가르쳐 주옵소서. 무엇을 기도해야 할지도 모를 뿐 아니라 어떻게 기도해야 할지도 모릅니다. 기도는 나의 강청함이나 노력에 달린 것이 아니라 십자가를 통해서 맺어진 하나님과의 언약의 관계에 있음을 알고 더욱 신뢰하며 기도하게 하소서. 기도할 때마다 주님은 이미 우리의 참된 친구시요 아버지이심을 잊지 말게 하소서. 하나님을 더 신뢰함으로 구하고 찾고 두드리면서 주님께 더 가까이 나아가게 하소서. 주여, 우리에게 기도를 가르쳐주소서. 아멘.

가을의 기도
7

사귐으로서의 기도

"주여, 우리에게도 기도를 가르쳐 주옵소서"(눅 11:1). 제자들의 부탁에 예수님께서는 주기도문과 두 개의 이야기를 말씀하셨습니다. 기도를 배우려면 '무엇을' 기도하는지 또 '어떻게' 기도해야 하는지를 배워야 합니다. 주님은 주기도문으로 '무엇을' 기도할 것인지를, 그리고 이어지는 두 개의 이야기로 '어떻게' 기도할 것인지를 가르쳐 주셨습니다.

어떻게 기도해야 하는지를 가르쳐주시기 위해 예수님

께서 두 가지 이야기를 하셨습니다. 하나의 이야기 내용은 이렇습니다. "한 사람이 있었는데 어느 날 멀리서 손님이 그에게 찾아왔다. 하지만 그에게는 손님을 대접할 것이 하나도 없었다. 그래서 곁에 사는 친구의 집을 찾아갔다. 이미 온 식구가 잠자리에 든 늦은 시간이라 미안한 마음이 있었지만, 그 친구의 도움을 얻을 도리 밖에는 없어서 그 친구의 문을 두드렸다. 밤늦은 노크 소리에 잠자리에서 일어난 그 친구가 이 사람의 딱한 사정을 듣고 떡을 주었다. 기도는 바로 이런 것이다."

이 이야기 속에 이런 구절이 나옵니다. "그 강청함을 인하여 일어나 그 요구대로 주리라"(눅 11:8). 이 강청이란 단어 때문에 우리는 떡을 필요로 한 친구가 그의 강하고 끈질긴 요청 때문에 떡을 얻게 되었다고 생각합니다. 그리고 이 이야기를 통해서 기도란 하나님께 '강청'해서 응답을 얻는 것이라고 결론을 내립니다.

· · ·

'강청'이란 단어에 '억지를 부리고 떼를 쓴다'는 뜻이 있는 것은 사실입니다. 하지만 이런 뜻으로 주어진 이야기를 풀면 기도에 대한 의미는 이렇게 이해됩니다. 떡을 필요로 하는 사람이 떡을 가진 친구를 찾아갔지만 그에게는 떡을 줄 생각이 별로 없었습니다. 그래서 밤 중에 집을 두드리면서 억지를 부리고 떼를 씀으로 비로소 떡을 얻게 되었습니다. 그러므로 떡을 얻게 된 것은 오직 요구하는 자의 집요한 강청 때문이었습니다. 그러므로 기도란 원래 우리에게 무엇을 줄 마음이 없으신 하나님께 우리가 떼를 쓰면서 강청하는 것이고, 그러면 하나님은 마지못해 주시는 것으로 해석됩니다. 이것은 하나님을 이야기 속의 친구와 같이 강청하지 않으면 주지 않는 인색한 분으로 여기는 잘못을 범하는 것입니다.

그러나 '강청'이란 단어에 다른 뜻이 있습니다. 그것은 '부끄러움을 당하다'는 뜻입니다. 이 뜻으로 이야기의 의미를 풀면 "그 강청함을 인하여 그 요구대로 주리라"는 말씀의 의미가 달라집니다. 떡을 가진 친구가 떡을 구하는 친구에게 부탁을 들어주었습니다. 그 이유는 그가 부끄러움을 당하지 않기 위해서입니다. 당시 유대 마을은 다 작은 마을 공동체였습니다. 그러니 동네에서 일어나는 일을 다 알게 됩니다. 그런데 떡을 가진 친구가 떡을 구하는 친구의 청을 매정하게 거절했다고 상상해 보십시오. 그는 동네 사람들로부터 친구의 작은 청도 들어주지 않는 나쁜 사람으로 낙인 찍히는 부끄러움을 당하게 될 것입니다. 그는 그런 부끄러움을 당치 않으려고 떡을 준 것입니다. 다시 말하면 떡을 구하는 친구가 떡을 얻게 된 것은 그의 끈질긴 '요청' 때문이 아니라, 그가 떡을 가진 자의 이웃이며 친구라는 관계에 있었기 때문입니다. 그렇다면 이 이야기가 기도에 대해 가르치는 바는 무엇입니까? 기도 응답의 핵심적 이유는 기도자의 열성 때문이 아니라, 기도자와 하나님과의 '관계' 때문이라는 것입니다.

...

 이어지는 주님의 또 다른 이야기는 이 점을 더욱 분명하게 합니다. "매우 악한 사람으로 소문이 나 있던 사람이 있었다. 그는 악한 사람이라 누구의 부탁도 들어주지 않았다. 그런데 어느 날 아들이 그에게 생선과 달걀을 달라고 부탁을 했다. 그가 아들의 부탁을 들어주었겠는가? 당연하다. 그에게 부탁한 이가 아들이었기 때문이다. 기도는 이런 것이다." 이 이야기에서 아버지가 아들의 청을 받아준 이유는 무엇입니까? 아들이 아버지에게 강하게 요청했기 때문입니까, 아니면 그가 자신의 아들이었기 때문입니까? 그가 아들이기 때문에 들어준 것입니다. 이것은 밤중에 떡을 구하는 친구의 청을 들어준 이유가 이웃과 친구였기 때문이었던 것과 같습니다. 이렇게 볼 때 기도의 방법에 대한 답이 뚜렷해집니다. 기도의 방법은 우리들의 강청과 열심이 아니라, 하나님과 우리의 관계를 분명히 아는 것입니다. 주기도문이 기도를 어떻게 시작하는지 주목해 보십시오. '하늘에 계신 우리 아버지여!'라고 시작합니다. 제일 먼저 하나님과 우리가 어떤 관계인지를 확인합니다. 하나님은 우리의 아버지라는 것을 아는 것이 기도의 출발입니다. 기도할 때 기도의 제목들을 많이 말하는 것보다, 그리스도 예수를 통한 하나님과 우리 사이의 끊어질 수 없는 언약의 관계를 깊이 묵상하는 것이 더 중요합니다.

주님은 두 가지 이야기 속에서 기도할 때 "구하라, 찾으라, 두드리라"고 가르치셨습니다. 이 말씀은 우리에게 기도할 때 더 강하게 요청할 것을 강조하는 의미가 아닙니다. 우리가 하나님을 아버지로 신뢰하는 관계 속에 있다면, 무슨 일에나 주저하지 말고 구하고, 찾고 두

드리라는 것입니다. 또한 하나님이 우리의 아버지이기에 우리가 구하면 반드시 얻고, 찾으면 반드시 찾을 수 있고, 두드리면 반드시 열린다는 확신을 가지라는 것입니다.

...

하나님께서는 자녀인 우리들의 기도에 큰 관심을 가지고 계십니다. 자녀의 요구에 대한 부모의 응답에 부모의 마음이 담겨 있는 것과 같이, 모든 기도의 응답에는 아버지의 마음이 담겨 있습니다. 하나님의 마음을 담지 않고 우리에게 주어지는 응답은 없습니다. 하나님께서는 우리에게 가장 큰 응답, 즉 독생자 그리스도를 주시는 응답을 주셨습니다. 그런 점에서 우리의 모든 기도는 궁극적으로 이미 응답된 것과 같습니다. 또 모든 기도의 응답은 궁극적으로 예수 그리스도 안에서 하나님 자신을 받는 것입니다. 그래서 주님은 "구하는 자에게 성령을 주시지 않겠느냐"(눅 11:13)라고 말씀하셨습니다.

기도는 하나님과 우리 사이의 '은혜의 관계', '언약의 관계'를 깨닫는 것에서 시작하고, 또 하나님 자신이 아버지되심을 확인하는 것에서 완성됩니다. 우리가 많은 것을 구하지만 사실상 하나님 자신을 구하는 것이고, 많은 것으로 응답을 받지만 사실상 하나님 자신을 받는 것입니다. 기도의 핵심 목적은 필요한 무엇을 얻기 위함이 아니라, 하나님 아버지와의 사귐을 통하여 우리들이 자녀로서 자라나는 것입니다. 기도를 푸는 핵심 키는 바로 사귐입니다. 기도를 통한 하나님과의 사귐이 날로 깊어지기를 바랍니다.

여덟번째, 가을의 기도

주여, 죄의 심각성을 모르고 지냈습니다. 적당히 후회하는 정도로 넘어가곤 했습니다. 하지만 죄가 어떤 것이며 어떤 결과를 낳는지를 깊이 깨닫게 하소서. 작고 사소한 죄에도 민감하게 하시고 죄가 내 속에 남아 있지 않도록 온전히 깨끗하게 제하게 하소서. 죄를 지었지만 회개를 통해서 죄인에서 점차 의인으로, 거룩한 성도로 빚어져 가게 하소서. 참회를 통해서 참다운 회복을 경험할 수 있도록 해주소서. 아멘.

가을의 기도
8

정결한 마음

'범인은 후회하고 성자는 참회한다'는 말이 있습니다. 다같이 죄를 짓고 살지만 한 사람은 그것을 그저 후회하는 것으로 그치고, 한 사람은 진정으로 참회합니다. 그런데 바로 그 죄에 대한 태도의 차이가 한 사람을 여전히 죄인으로, 한 사람을 성자로 만듭니다. 죄인과 성자의 차이는 죄의 양이 얼마나 많으냐 적으냐에 달려 있지 않고, 죄에 대한 태도에 달려 있습니다. 우리는 죄가 얼마나 많고 적으냐, 크고 작으냐를 따지며 살지만,

정말 중요한 것은 죄에 대한 태도, 즉 진정으로 회개하는 마음입니다. 왜냐하면 우리는 모두 죄인이기 때문입니다.

가을은 자기를 돌아보게 하는 계절입니다. 자기를 돌아본다는 것은 지난 세월의 후회를 말하는 것이 아닙니다. 자기를 되돌아본다는 것은 참회하고 회개하여, 마음이 정결케 되고 새롭게 되는 것입니다. 이 가을, 우리에게 반복되는 후회가 아니라 새로움으로 이끄는 참회가 있으면 좋겠습니다.

...

마음을 새롭게 하는 참회를 원한다면 세 가지 단계를 거쳐야 합니다. 첫째 단계는 자신의 '죄'를 인정하는 것입니다. 사람은 누구든지 죄를 은폐하려는 본능을 갖고 있습니다. 하지만 죄는 은폐한다고 없어지는 것이 아닙니다. 혹 다른 사람에게 은폐할 수는 있지만 자신의 기억에서는 그것을 지워버리지 못합니다. 아무리 죄를 은폐하려고 해도, "내 죄가 항상 내 앞에"(시 51:3) 있고, 내 의식과 기억 속에 남아 있습니다.

혹시 죄를 나의 기억에서 지워버렸다 할지라도, 그것

으로 죄가 사라지는 것은 아닙니다. 하나님께서 기억하고 계시기 때문입니다. 아무도 모르게 은밀하게 지은 죄란 없습니다. 모든 죄는 다윗이 고백한 것처럼 다 "하나님의 목전"(시 51:4)에서 지은 것이기에, 하나님께서 알고 계십니다. 따라서 어떤 죄의 은폐도 불가능합니다. 우리는 마음 속에 있는 은밀하게 숨겨진 모든 죄를 다 하나님 앞에 드러내고 용서를 구해야 합니다. 이것이 참회의 첫째 단계입니다

...

 하지만 진정한 참회는 여기서 끝나지 않습니다. 둘째 단계는 우리가 우리의 '죄들'을 인정할 뿐 아니라, 우리의 '죄인됨'을 고백하는 것입니다. 우리들은 종종 죄를 상황 탓으로 돌리곤 합니다. 물론 죄를 짓게 만든 상황이 있지만, 죄를 짓게 한 궁극적인 원인은 우리 밖의 상황에 있지 않고 우리 안에 있음을 알아야 합니다. 사실 우리 속에 있는 본성이 밖의 상황에 반응했기에 죄를 지은 것입니다. 그러므로 우리가 외부의 무엇 때문에 죄를 지은 것이 아니라, 근본적으로 나 자신 때문에 죄를 지은 것이라고 해야 맞습니다. 이것을 안다면, 우리

는 이렇게 고백하지 않을 수 없습니다. "내가 죄악 중에 출생하였습니다"(시 51:5). 예수님께서 말씀하신 것처럼 죄가 바깥에서 내 안으로 들어온 것이 아니라, 내 안에 있는 죄가 밖으로 나타난 것입니다(마 15:19-20). 실수나 환경 때문에 죄를 지은 것이 아니라 자신이 죄인이기 때문이라고 죄를 지었다고 말할 수 있는 정직함이 있어야 합니다. 자신이 지은 '죄들'만 인정한 것만이 아니라, 자신 속에 잠재해 있는 '죄성'을 인정하는 자세가 필요합니다. 우리가 죄의 원인을 우리 안에 있는 본성 속에서 찾고 자신의 존재 자체에 대해서 깊이 애통해 할 때 진정한 참회가 됩니다.

...

참회의 셋째 단계가 있습니다. 그것은 죄가 '하나님께 대한 죄'임을 알고 참회하는 것입니다. 죄는 사람들에게 고통을 안겨다 줍니다. 상대방에게 고통과 피해를 안겨다 줄 뿐 아니라, 죄를 지은 자신도 고통을 당합니다. 우리는 죄에 대한 피해자는 상대방과 나 자신이라고 여깁니다. 죄의 형벌은 하나님이 정한 법칙을 어긴 나 자신이 받는 것이라고 생각합니다. 이것이 죄의 결과에 대한 우리의 생각입니다.

하지만 죄가 가져오는 고통과 피해는 상대방과 나를 포함한 몇 사람들에게만 국한되는 것이 아닙니다. 그것은 하나님에게까지 미칩니다. 죄는 자신과 타인들 속에 있는 하나님의 형상을 병들게 하는데, 이는 하나님에게 피해를 안겨다 주는 것입니다. 그런데 하나님께서 받으시는 고통은 이것으로 그치지 않고 더 큰 고통을 안겨다 줍니다.

가만히 생각해 보십시오. 무엇이 주님의 손과 발에 못을 박게 했는지를, 또 무엇이 하나님의 아들 예수 그리스도를 십자가에 매달리게 했는지를. 우리는 궁극적으로 "주께만 범죄"(시 51:4)한 것이고, 우리의 죄는 하나님에게까지 고통과 상처를 준 것입니다. 십자가는 내 죄가 하나님에게 어떠한 고통을 주었는지에 대한 생생한 증거입니다. 내 죄로 인한 하나님의 고통인 십자가의 뜻을 알 때 나의 참회는 깊어집니다.

참된 참회가 있을 때, 가을은 단순히 지난 날을 후회하는 계절이 아니라 마음을 정결케 하고 새롭게 하는 계절이 됩니다. 범인은 후회하고 성자는 참회한다고 했습니다. 이 가을, 당신에게 묻습니다. 당신은 어디에 속한 사람이냐고.

사계절을 위한 기도,
가을의 기도.

No.

아홉번째, 가을의 기도

주여, 저의 삶을 기도가 있는 삶으로 만들어 주소서. 저의 삶의 거리에 괴로움도 기쁨도 아픔도 있습니다. 이 거리를 홀로 걷지 않게 하시고, 주님과 대화하면서 걷게 하소서. 어려움과 고통을 아뢰면서 문제가 해결될 뿐 아니라, 제 자신이 변화되게 하소서. 기도의 여정이 계속되어 마치 친구에게 하듯이, 마치 어머니에게 말하듯이 그렇게 말할 수 있고 또 들을 수 있게 해주소서. 주여, 주님과 함께 인생의 길을 걷고 싶습니다. 아멘.

가을의 기도 9

기도의 여행

기도에 대한 여러 정의들이 있습니다. '영적 호흡이나 영적 대화'란 익숙한 정의에서부터 '하나님과의 우정과 사귐', '하나님과 함께 걷는 여행', '영적 전투', '하나님과의 씨름'이란 정의도 있습니다. 기도의 종류도 많습니다. 간구 기도, 감사 기도, 중보 기도, 관상 기도, 침묵 기도, 치유 기도, 방언 기도 등이 있습니다. 이런 다양한 정의들과 기도의 종류들은 기도가 단지 우리의 필요를 아뢰고 요청하는 것만이 전부가 아님을 우리에게 알려줍니다. 그래서인지 기도는 어떤 경우에는 어렵고 복잡한 것처럼 느껴집니다. 하지만 기도를 하면서 기도의 목적이 무엇인지를 잘 안다면 기도는 보다 쉬워지고 또 깊어질 수 있습니다.

...

 기도의 목적은 무엇입니까? 기도의 목적은 무엇보다 우리의 기도 제목과 소원이 응답되는 것입니다. 성경은 우리에게 소원을 가지고 하나님에게 나아와 기도하라고 친히 초청하십니다. "너는 내게 부르짖으라 내가 네게 응답하겠고 네가 알지 못하는 크고 은밀한 일을 네게 보이리라"(렘 33:3)고 하십니다. "구하라, 찾으라, 두드리라"(마 7:7)고 하십니다. 무슨 일이 있어도 결코 낙담치 말고 기도하라고 하십니다. 만약 우리가 "정욕으로 쓰려고 잘못 구하지"(약 4:3) 아니하고, "예수님의 이름으로 무엇이든지 구하면"(요 14:14) 예수님께서 친히 시행하신다고 약속하셨습니다. "믿고 마음에 의심치 아니하면"(막 11:23) 구하는 것을 얻고, 두드리는 문이 열리게 된다고 하셨습니다.

 하나님은 우리가 기도할 때 무엇이든지 다 가지고 나

와 기도하라고 하십니다. 하나님의 나라와 뜻만이 기도의 제목이 되는 것은 아닙니다. 우리들의 일용할 양식, 맺고 있는 타인과의 힘든 관계, 세상 온갖 곳에 도사리고 있는 위험과 악으로부터의 보호와 같이 우리들의 생활에 속한 모든 것들이 다 기도의 제목이 됩니다. 기도하지 않아도 될 만큼 사소한 제목이란 없습니다. 삶에 일어나는 모든 것이 다 기도의 제목입니다. 이런 모든 것들을 기도를 통해 바꿔 나갑니다. 기도의 목적은 기도를 통해서 여러 문제들로 가득찬 외적 상황을 바꿔가는 것입니다.

그러나 기도의 목적은 외적 환경을 바꾸는 것이 전부는 아닙니다. 우리에게는 그것이 가장 큰 관심사일지라도 하나님에게는 더 큰 관심이 있습니다. 그것은 기도하는 우리 자신을 향한 것입니다. 하나님께서는 우리가 기도하지 않아도 우리에게 필요한 것을 다 아십니다. 그냥 주실 수 있지만 오랫동안 기도 제목을 붙잡고 기도하게 하십니다. 이것은 기도자를 향한 목적이 있기 때문입니다.

...

기도를 하다 보면 우리는 문제를 붙들고 씨름하고 있는데, 하나님은 우리의 문제가 아니라 기도하는 우리 자신을 붙잡고 씨름하심을 느낄 때가 있습니다. 우리가 볼 때 풀어야 할 문제는 외적 상황이지만, 하나님이 보실 때는 그 문제는 바로 우리 자신이기 때문입니다. 이때 기도자는 기도란 힘겨운 씨름을 통해서 마침내 자기를 복종시킵니다. 매우 고통스러운 시간이지만 이 시간을 통과하고 나면 비로소 기도자는 성숙하게 변화됩니다.

이런 기도자의 변화가 그 어떤 것보다 큰 응답입니다. 이런 경우 문제는 그대로 있고 기도자만 바뀌었기 때문에 아무런 변화가 없는 것 같으나, 사실 문제가 더 높은 차원에서 해결된 것입니다. 기도에서 기도자가 변화하는 것은 하나님께서 우리에게 주시려고 준비해 놓으신 가장 큰 선물 중의 하나입니다. 기도자의 변화는 기도의 두 번째 목적입니다.

...

기도의 목적에 가장 중요한 것이 있습니다. 우리는 기도할 때 하나님의 능력을 '사용'하여 문제를 해결하고 싶어합니다. 하지만, 기도의 깊은 의미는 하나님에게 속한 어떤 것을 활용하는 것이 아니라, 하나님을 만나는 것입니다. 그분과의 사귐 속으로 들어가는 것입니다. 하나님과의 사귐이 기도의 가장 큰 목적입니다.

기도란 하나님에게 우리의 필요를 알리는 것 이상입니다. 우리의 필요를 알려드리고 그 필요한 것을 받는 것이 기도의 전부가 아닙니다. 기도한다는 것은 하나님과 대화하는 것이고, 또 하나님과 대화하면서 하나님과 함께 인생 길을 걸어가는 것입니다. 한 마디로 기도는 하나님과 함께 하는 여행입니다. 이 기도 여행을 통해 하나님과의 사귐을 갖다가, 마침내 이 여정은 천국으로 이어지게 되는 것입니다.

...

리처드 포스터의 『기도』(Prayer)라는 고전적인 책이 있습니다. 이 책은 기도의 종류를 세 가지 범주로 나눴습니다. "밖을 향하는 기도", "안을 향하는 기도", 그리고 "위를 향하는 기도"입니다. 그런데 이 세 가지 범주는 바로 기도의 세 가지 목적을 다르게 표현한 것입니다. 기도가 "밖을 향한다"는 것은 기도가 외적 환경을 변화시킨다는 뜻이고, 기도가 "안을 향한다"는 것은 기도가 기도자를 변화시킨다는 것이며, 기도가 "위를 향한다"는 것은 기도가 하나님과의 사귐을 가져온다는 뜻입니다.

 당신이 기도의 무릎을 꿇게 될 때 어떤 일이 일어나는지를 압니까? 너무나 중요한 세 가지가 함께 일어납니다. 그러므로 기도하십시오. 기도하면서 하나님과 함께 인생 길을 걸어가십시오. 당신이 어디에 있든지 그곳에서 하나님과 함께 있고 그분과 걸을 수 있습니다. 하나님과 함께 당신의 삶의 거리를 걸으십시오. 당신의 느낌을, 당신의 고통과 아픔을 다 말하십시오. 당신의 기쁨도 말하십시오. 그리고 하나님의 음성을 듣고자 노력하십시오. 이러한 기도의 여행에서 삶의 모든 거리가 하나님과의 잊을 수 없는 추억의 자리가 될 것입니다.

· · ·

 가을에 성숙의 열매를 원하신다면 하나님과 함께 하는 기도의 여행을 시작하십시오. 기도의 여행은 우리를 세 가지 지점에 이르도록 도와줄 것입니다. 기도의 응답, 기도하는 나 자신의 변화, 그리고 하나님과의 사귐. 만약 지금 당신이 있는 그 자리에서 기도의 무릎을 꿇으셨다면, 당신은 그 목적지를 향한 축복된 여정에 오른 것입니다. 아름다운 가을, 하나님과 함께 하는 여행의 계절이 되면 좋겠습니다.

사계절을 위한 기도,
겨울의 기도.

겨울의 기도

당신의 기도에 겨울이 왔다면
그 겨울을 벗어나려고 하기보다,
겨울의 의미를
깨닫도록 노력하십시오.
세상 만물에 겨울이 필요한 것처럼
기도에도 겨울이 필요합니다.

첫 번째, 겨울의 기도

주여, 기도에 종종 겨울이 찾아와 답답하고 기도가 되지 않을 때가 있습니다. 이 시간이 마냥 오래 계속되기도 합니다. 그 겨울을 견디지 못해서 기도를 중단할 때도 있습니다. 하지만 계절에 겨울이 필요하듯이 기도에도 겨울이 필요함을 알게 하소서. 기도에서 겨울이 가져다 줄 수 있는 축복을 발견하게 해주소서. 이 모든 것이 주의 은혜임을 깨닫는 지혜와 겸손을 허락하시고 기도에 겨울이 찾아와도 끝까지 기도할 수 있도록 저를 도와주소서. 아멘.

겨울의 기도 1

겨울의 기도

일 년에 사계절이 있는 것처럼 인생에도 사계절이 있습니다. 희망찬 봄이 있는가 하면 삶을 되돌아보는 가을이 있고, 절정기의 여름이 있는가 하면 절망스러운 겨울도 있습니다. 인생에서 사계절을 경험했다면 아마 당신은 기도에서도 사계절을 경험했는지 모릅니다.

따사로운 평안이 감겨오는 봄의 기도나, 조용한 음악처럼 묵상케 하는 가을의 기도를 경험한 적이 있을 겁니다. 그런가 하면 하나님의 임재가 강하게 느껴지는 여름철 기도를 체험한 적도 있을 것입니다. 그런데 가끔 우리들은 하나님이 곁에 계심을 느끼기 힘든 기도, 공허한 메아리가 울리는 것 같은 기도, 기도 대신에 그저 탄식만이 하염없이 흘러나오는 그런 기도, 이런 것도 기도라고 할 수 있을까 싶은 그런 순간을 만납니다. 이런 순간을 경험하고 있다면 당신은 지금 겨울의 기도를 경험하고 있는 것입니다.

 만약 당신이 희망을 가져다 주는 봄의 기도, 삶의 깊이를 되돌아보게 하는 가을의 기도, 그리고 즉각적인 기도 응답으로 기뻐하는 여름의 기도를 경험한 사람이라면, 겨울의 기도가 얼마나 고통스러운지를 압니다. 이럴 때에는 기도한다는 것 자체가 하나의 힘든 짐이요 노동입니다. 기도에 이런 겨울이 왔다면 어떻게 해야 합니까?

...

 당신의 기도가 겨울을 만나고 있다면, 먼저 이런 경험이 당신만의 경험이 아님을 알아야 합니다. 성경에 보면 차가운 얼음판 같은 현실을 맨주먹으로 두드리는 듯한 기도들이 예상외로 많이 있습니다. 다윗이 그랬습니다. "내 하나님이여 내 하나님이여 … 어찌 나를 멀리하여 돕지 아니하시오며 내 신음하는 소리를 듣지 아니하시나이까"(시 22:1). "어찌하여 나를 잊으셨나이까"(시 42:9). "어찌하여 나의 영혼을 버리시며 어찌하여 주의 얼굴을 내게서 숨기시나이까"(시 88:14). 이런 기도를 모세도 엘리야도 경험한 적이 있습니다. 심지어 예수님의 입에서도 이런 겨울의 기도가 흘러 나왔다는 것을 알고 계십니까? "엘리 엘리 라마 사박다니!"(마 27:46 ; 막 15:34)

만약 당신의 기도에 겨울이 왔다면 그 겨울을 벗어나려고 하기보다, 겨울의 의미를 깨닫도록 노력하십시오. 세상 만물에 겨울이 필요한 것처럼, 기도에도 겨울이 필요합니다. 겨울을 통해 만물의 정화가 일어나듯, 겨울의 경험이 기도하는 당신의 마음을 새롭게 합니다. 우리들은 겨울의 경험을 통하지 않고서는 깨어질 수 없을 만큼 얼음같이 단단하게 굳어진 부분들을 가지고 있습니다. 그래서 겨울의 기도는 그 마음의 얼음을 깨뜨림으로 우리의 삶에 봄을 가져오기 위하여 필요하곤 합니다. 기도에 찾아온 겨울이 이런 의미를 가진다면 비록 지금 당신이 힘들어 몸부림치고 있다고 해도, 그 겨울의 기도는 너무나 중요한 기도가 됩니다.

…

기도에 겨울이 찾아올 때 중요한 것은 하나님을 향한 믿음을 유지하는 것입니다. 겨울의 기도에서 가장 큰 어려움은, 하나님의 존재에 대한 확신이 잘 생기지 않는다는 것입니다. 겨울의 태양이 멀리 있듯이 하나님도 나와는 아주 멀리 계신 듯 합니다. 하지만 눈 덮인 앙상한 겨울 나뭇가지들 속에 생명의 수액이 조용히 흐르고 있듯이, 하나님이 잘 느껴지지 않는다고 해도, 우리의 삶에 하나님의 은총과 은혜가 조용히 흐르고 있습니다. 눈덮인 산골짜기마다 그 밑에는 생명의 숨소리가 있듯이, 내 삶에 여전히 하나님의 임재가 있습니다. 이것을 믿는 믿음이 필요합니다.

…

마지막으로 기도에 겨울이 찾아올 때 우리는 차갑고 냉냉한 내 느낌보다 변함없는 하나님의 따뜻한 성품을 잔잔히 바라보아야 합니다. 그러면 햇살에 몸이 녹듯이 얼어붙은 내 마음이 조금씩 녹기 시작합니다. 신앙의 선배들이 그랬습니다. 다윗의 기도를 들어보십시오. "여호와여 나의 영혼이 주를 우러러보나이다"(시 25:1). "여호와는 나의 빛이요 나의 구원이시니 내가 누구를 두려워하리요"(시 27:1). 겨울철, 기도하는 당신의 눈이 어디로 향하고 있는지 주목하여 보십시오.

 겨울의 기도도 여름의 기도처럼 필요하고 중요한 기도임을 잊지 마십시오. 기도에 겨울이 찾아오면 그것을 감사함으로 받으십시오. 기도가 술술 잘 될 때만 영적인 성장이 있고 응답이 있는 것은 아닙니다. 기도가 답답하여 안 될 때, 기도의 응답이 더디 오는 것처럼 보일 때, 심지어 하나님이 없는 것처럼 느껴질 때에도 하나님은 우리의 기도를 들으십니다. 또 그 순간만이 줄 수 있는 귀한 교훈이 있습니다. 당신의 기도에 겨울이 왔습니까? 당신은 소중한 기도를 드리고 있음을 아십시오.

두 번째,
겨울의 기도

주여, 과거 때문에 낙담하고 후회하고 절망했던 적이 한 두 번이 아닙니다. 그 과거가 현재의 무거운 짐이 되었습니다. 그러나 이제 오늘과 내일을 새로운 각오로 살아감으로 과거의 의미를 바꾸게 해주소서. 버리고 싶은 과거까지도 내일을 위한 재료로 사용하여, 주님이 기뻐하시는 멋진 인생을 만들게 하소서. 아멘.

겨울의 기도 2

미래는 과거를 다시 만든다

　연말이라 새로운 달력을 벽에다 갖다 걸고, 지난해 달력을 떼냅니다. 작년 달력을 보니 여기저기에 쓰여진 메모들이 눈에 들어옵니다. 한 해 동안 일어났던 일들과 만났던 사람들이 영화처럼 머리를 스치고 지나갑니다. 이미 다 흘러간 시간이고 잃어버린 시간들입니다. 이제 새 달력을 걸고 미리 한 장씩 넘기면서 다가올 일들을 계획하고 또 기대합니다.

　시간이란 참 이상합니다. 작년의 시간은 이미 사라져

여기에 없고, 새해의 시간은 아직 다가오지 않았기에 여기에 없는데, 지나간 과거는 아직 지나가지 않고 여기에 있고, 아직 오지 않은 미래는 오지 않았지만 이미 와 있습니다. 달력 속에는 없는 시간이 나의 삶 속에는 있는 것입니다. 과거는 기억이란 모습으로, 미래는 기대란 이름으로 현재에 머물러 있습니다. 이 시간은 달력의 시간처럼 과거와 현재와 미래로 뚜렷하게 구분되지 않고, 이음새가 없이 하나로 연결되어 있습니다.

...

과거는 사라지지 않고 현재의 기억 속에 살아서 계속해서 영향을 미치고 있습니다. 어떤 과거는 맑은 샘물처럼 감사를 만들어 내는가 하면, 어떤 과거는 독초처럼 아픔과 고통을 계속 만들어 냅니다. 잊고 싶은 과거일수록 더 강하게 내 삶을 붙들면서 현재 속에 집요하게 남아 있습니다. 세월이 더 흐르면서 과거에 대한 기억의 강도는 약해질 수도 있지만, 과거는 여전히 내 현재 속에 남아 계속 영향을 미치면서 내 삶을 만들어 갑니다. 과거가 현재를 만들고 또 미래를 만들어 갑니다. 만약 과거가 현재에 계속 부정적 영향을 끼친다면 어떻게 해야 합니까? 과거를 어떻게 할 수 없는 숙명과 같은 것으로 받아들여야만 할까요? 미래가 언제나 과거에 의해서 결정되고 과거에 의해 붙들려 있다면, 새롭게 주어진 시간의 의미, 새해의 의미는 대체 무엇입니까?

...

 우리는 누구도 과거의 사실 자체를 바꿀 수 없습니다. 하지만 그 과거에 대해서 내가 할 수 있는 것이 하나 있습니다. 그것은 과거의 의미를 바꾸는 것입니다. 만약 내 삶의 화폭에 검은색과 진홍색의 색깔로 칠해진 과거가 있었다고 합시다. 이 색깔을 없앨 수는 없습니다. 그런데 이 색깔 주위에 다른 여러 색을 사용하여 한 작품을 만듭니다. 그리고 이 검은색을 작품을 위해서 꼭 필요한 색이 되게 합니다. 그렇게 할 수 있다면 검은색은 그림 안에서 새롭게 창조된 것입니다. 즉 과거에 칠해진 검은색은 미래에 칠하는 다른 색에 의해서 필요한 검은색으로 작품 안에서 다시 태어나는 것입니다.

 과거의 사실은 고정되어 있지만, 그 의미는 내일 내가 어떻게 행동하느냐에 따라 계속해서 새롭게 태어납니다. 만약 과거를 통해 내일을 위한 지혜를 얻고, 또 삶의 방향을 바르게 정하게 되었다면, 과거는 매우 의미 있는 과거가 된 것입니다. 과거의 사실 자체는 바뀌지 않았지만 그 과거 때문에 내가 오늘과 내일을 다르게 살게 되었다면, 그 미래가 과거를 내 인생에서 꼭 필요한 과거로 재창조한 것입니다.

과거는 닫혀 있지 않고 오늘과 내일 어떻게 하느냐에 따라, 그 의미가 계속해서 새롭게 됩니다. 하나님께서 내 과거의 어두운 색들을 필요한 색이 되도록 만드십니다. 인생은 죽을때까지 계속 그려나가야 할 미완성의 그림으로 존재합니다.

우리에게 작년은 고칠 수 없는 숙명으로 주어진 것이 아니라, 내년을 위해서 다시 창조할 재료로 주어져 있습니다. 성경은 하나님은 과거를 다시 만들어 가시는 분이라고 하십니다. 모든 것을 합력하게 해서 선을 이루시기 때문입니다(롬 8:28). 또 메뚜기가 먹어버린 수확물을 그 먹은 햇수만큼 갚아주시는 분(욜 2:25)이라고 했습니다. 우리가 믿는 하나님은 섭리의 하나님이십니다. 만약 당신이 새해에 하나님과 함께 동행한다면, 새해는 계속해서 당신이 살았던 작년의 의미를 새롭게 다시 창조하는 순간순간들이 될 것입니다. 고통스러웠고 어두웠던 순간들도 꼭 필요했고 소중했던 순간들로 의미가 바뀔 것입니다.

...

시인 T. S. 엘리엇이 이런 말을 했습니다. "시간은 시간을 통해서만 정복된다."그렇습니다. 고통스러운 과거라는 시간은 하나님과 함께 하는 미래의 시간에 의해 정복됩니다. 우리는 '과거가 미래를 만든다'는 운명적 진리만 생각해서는 안 됩니다. '미래가 과거를 다시 만든다'는 섭리적 진리를 기억해야 합니다. 섭리적 진리를 믿고 사는 그리스도인은 결코 희망을 버리거나 절망할 수 없습니다. 섭리의 하나님과 동행하면 모든 과거는 내일을 위한 필요한 재료가 될 수 있고 다시 창조될 수 있기 때문입니다. 산다는 것은 이렇게 계속해서 과거를 창조해가는 과정입니다. 당신의 과거를 계속 더 아름답게 창조해갈 수 있기를 바랍니다.

세 번째, 겨울의 기도

주여, 살면서 얼마나 선택해야 할 것이 많은지 모릅니다. 무엇을 선택해야 할지를 몰라서 고민할 때가 많습니다. 무슨 기준으로 선택해야 하는지도 몰라서 당황하다가 내가 원하는 것을 택하곤 했습니다. 잘못된 것을 자유로이 선택함으로, 결국 내가 내 삶에 고통을 선택했다는 것을 뒤늦게 깨닫곤 했습니다. 그러니 주여, 모든 선택에서 먼저 그의 나라와 그의 의를 구하게 해주소서. 주님이라면 무엇을 선택하실 것인가를 생각하면서, 바른 것을 선택하며 살게 해주소서. 아멘.

겨
울
의
기
도

3

선택의 역설

우리는 매 순간 무엇인가를 선택하면서 삽니다. 늘 선택하면서 살아야 한다는 것이 부담이 되기도 하지만, 선택의 자유가 있다는 것은 그래도 인간다운 삶이요 행복한 삶의 기초가 됩니다. 최근 선택의 자유의 폭이 얼마나 넓어졌는지 모릅니다. 라면 하나만 해도 종류가 수십 가지이고, 휴대폰도 종류가 너무 많아 선택하는 것이 즐거운 고민입니다. 교육에서도 선택 과목의 수가 월등히 늘어났고, 진로도 선택의 폭이 다양해졌습니다. 심지어 내가 태어난 성(性)까지도 선택하는 세상이 되었으니 가히 선택의 자유가 폭발적으로 늘어난 시대를 우리는 살고 있습니다.

선택의 폭은 계속해서 더 넓어져 갈 것 같습니다. 그런데 이렇게 선택의 폭이 넓어지면 그만큼 우리는 과연 더 자유롭게 되고, 더 행복한 삶을 살 수 있을까요? 베리 슈워츠(Berry Schwartz)가 『선택의 패러독스』(The Paradox of Choice)라는 책을 썼습니다. 이 책은 선택의 증가는 우리에게 더 많은 자유와 행복을 주는 것이 아니라, 오히려 '행복 지수'를 더 떨어지게 하고 있다고 말하고 있습니다. 왜냐하면 선택의 폭이 늘어날수록 사람들이 무엇을 선택할 때 갈등이 증가하게 되고, 또 선택은 어떤 하나를 선택함으로 생기는 기쁨만 주는 것이 아니라, 선택하지 않았거나 못했던 다른 것의 장점을 포기해야 하는 상실감을 함께 가져다 주기 때문입니다. 또한 선택의 자유는 그 선택에 대한 책임감을 수반하기 때문입니다. 사소한 것을 선택해야 하는 경우는 잘못된 선택이라도 삶에 큰 피해를 안겨다 주지는 않지만, 중요한 결정의 경우는 이와 달리 큰 책임을 져야 합니다.

그러므로 선택의 자유는 갈등을 넘어서 고통이 되곤 합니다.

...

그러면 무엇을 어떻게 선택해야 할까요? 삶을 이루는 선택은 피라미드의 형태를 지니고 있습니다. 피라미드의 아랫부분은 대부분 일상적인 선택들입니다. 무슨 옷을 입을까, 무슨 가구를 살까 하는 선택들이 여기에 해당됩니다. 이런 일상적인 선택이 삶의 가장 많은 부분을 차지하지만, 이 영역의 선택은 우리가 무엇을 선택하든지 그리 중요하지 않습니다. 그런데 피라미드의 윗부분에 속한 것은 그 선택이 삶에 미치는 영향력이 큽니다. 어떤 직장을 선택하느냐, 어떤 배우자를 만나느냐 하는 것이 삶에 얼마나 큰 영향을 미치는지는 모릅니다.

그러므로 우리는 피라미드의 상층부에 있는 것일수록 더 신중하게 잘 선택하려고 노력해야 합니다. 그런데 안타깝게도 사람들은 피라미드의 최정점에 있는 것을 제대로 선택하지 못하고 삽니다. 최고 정점에 있는 것은 궁극적인 문제에 관한 선택, 즉 신앙적 선택입니다.

피라미드 하층부에 속한 것을 잘 선택하는 것도 필요하지만, 최고 상층부에 있는 것을 바로 선택해야지, 그렇지 못하면 실패한 인생이 되고 맙니다.

사도 바울은 선택의 피라미드에서 최정점에 있는 것을 잘 선택해야 함을 알았던 사람이었습니다. 그는 중층부와 하층부에 속한 좋은 것들을 누구보다 많이 선택할 수 있었던 조건을 가진 사람이었지만, 그런 상대적인 것들 때문에 최정점에 대한 선택의 중요성을 망각하지 않았습니다. 최정점에 속한 것은 그리스도를 믿느냐 믿지 않느냐 하는 것입니다. 최정점에 속한 가장 중요한 것을 바르게 선택한 그는 그것을 끝까지 붙잡으려고 했습니다. 그는 이렇게 고백했습니다. "그러나 무엇이든지 내게 유익하던 것을 내가 그리스도를 위하여 다 해로 여길뿐더러 또한 모든 것을 해로 여김은 내 주 그리스도 예수를 아는 지식이 가장 고상하기 때문이라"(빌 3:7-8).

바울의 삶은 그리스도를 선택했던 삶입니다. 이 선택 속에서 그는 선택의 자유가 지닌 진정한 의미를 체험하게 됩니다. 선택의 자유가 참으로 의미하는 것은 자신이 원하는 것을 선택하는 것이 아니라, 자신이 반드시 선택해야 하는 것을 선택하는 것입니다. 많은 사람들은 무엇을 선택해야 되는지를 모른 채, 자기 마음대로 선택할 수 있다는 자체만 생각합니다. 결과적으로 그릇된 것을 선택하게 되면 그 자유는 큰 고통을 안겨다 줍니다. 하지만 바울은 모든 일에서 반드시 선택해야 할 것 즉 그리스도를 선택했고, 이런 선택은 그에게 자유의 진정한 의미를 경험하게 해주었습니다. 그의 고백을 들어 보십시오. "나는 비천에 처할 줄도 알고 풍부에 처할 줄도 알아 모든 일 곧 배부름과 배고픔과 풍부와 궁핍에도 처할 줄 아는 일체의 비결을 배웠노라"(빌 4:12). 이 얼마나 자유로운 사람입니까!

...

그리스도를 선택한다는 것을 다른 것을 포기하는 것으로 생각하곤 합니다. 그러나 사실은 그리스도를 택하는 것은 다른 모든 것을 잃어버린 것이 아니라, 그리스도와 함께 이 모든 것을 다 선택하는 것입니다. 왜냐하면 그리스도 안에 모든 풍성함이 있기 때문입니다. 그러나 만약 그리스도를 선택하지 않는다면, 그는 아무리 상대적인 것들을 많이 선택했다고 해도 결과적으로는 아무것도 선택하지 않은 것이 됩니다. 왜냐하면 그는 반드시 선택해야 할 것을 선택하지 않았기 때문입니다.

당신은 무엇인가를 선택하면서 살아왔고, 또 그렇게 할 것입니다. 그 선택들이 당신의 한 해를 만들어 왔고, 또 내년을 만들어 갈 것입니다. 하층부에 속한 것들도 잘 선택해야 하지만, 무엇보다 상층부에 속한 것을 더 잘 선택해야 합니다. 매 순간 그의 나라와 의를 선택하려고 노력하십시오. 모든 결정에서 하나님의 영광을 선택하려고 하십시오. 선택의 자유란 내가 원하는 것을 선택하기 위한 자유가 아니라, 내가 반드시 선택해야 하는 것을 택하기 위한 자유임을 잊지 마십시오. 우리가 그리스도를 선택할 때, 선택의 자유가 완성됩니다.

・・・

한 해의 끝에 서서 지난 시간을 돌아보며 웃고 싶으십니까? 인생의 마지막 지점에 서서 내 인생은 아름다웠다고 말할 수 있는 그런 삶을 살고 싶습니까? 그것은 당신이 무엇을 선택하며 살았느냐에 달려 있습니다.

'당신은 무엇을 선택하면서 살아가고 있습니까?' 이 질문에 대해서 바르게 대답하는 하루하루를 살아간다면, 당신은 마침내 웃을 수 있을 것입니다.

네 번째,
겨울의 기도

주여, 내가 지금 여기에 있다는 것에 대해서 원망하곤 했습니다. 왜 하필 저에게 남과는 다른 이런 삶을 주셨는지 불평하기도 했습니다. 제가 서 있는 지금 이곳의 의미를 모른 채 힘들때는 떠날 생각만 하고, 좋다 싶을 때는 주저 앉고 싶은 생각만 했습니다. 주여, 이제부터 제가 서 있는 이 자리의 의미를 알게 해주소서. 우연히 여기에 있는 것이 아니라, 주님을 만나기 위해서 지금 여기에 있고, 또 주님을 보여주기 위해서 지금 여기로 다시 보냄을 받았다는 것을 깨닫게 하소서. 비록 어렵고 힘들다고 해도 이곳에서 주님의 부르심을 들어 제가 서 있는 지금 이곳을 주님의 성소로 삼게 하소서. 저의 일상이 성소요 안식일이 되게 하소서. 아멘

겨울의 기도 4

'지금, 이곳'의 의미

데카르트(René Descartes)이후 근대인에게 익숙한 명제가 있습니다. 그것은 '나는 생각한다. 고로 나는 존재한다'라는 명제입니다. 그런데 이런 철학적 명제보다 물질 사회를 살아가는 현대인들에게 더 피부에 와닿고 익숙한 명제는 아마도 '나는 소유한다. 고로 나는 존재한다'라는 명제일 것입니다. 왜냐하면 현대인들은 바로 이런 명제 속에서 자신의 존재와 삶의 의미를 찾으려고 하기 때문입니다. 하지만 조금 더 깊이 생각해 보면 우리가 자신의 존재를 자신의 생각이나 소유에서 찾으려고 하는 것은 어리석다는 것을 깨달을 수 있습니다. 인간은 궁극적으로 하나님에 의해서(by) 존재하고, 하나님을 위하여(for) 존재하기 때문입니다. 그래서 유대인 신학자 아브라함 헤셸(Abraham J. Heschel)은 "나는 부르심을 받았다. 고로 나는 존재한다"라고 말했습니다. 사실 우리는 하나님의 부르심에서 비로소 우리의 참된 존재 의미를 찾을 수 있습니다.

...

'생명'이란 단어를 잘 살펴보십시오. '삶을 명령 받았다', 혹은 '삶으로 부름을 받았다'는 뜻입니다. 실로 생명을 가지고 산다는 것은 누군가에 의해서 삶으로 부름을 받았기 때문에 가능한 것입니다. 내 힘으로 살아가는 것이 아닙니다. 내 임의로 지금 이곳에 살고 있는 것도 아닙니다. 우리를 이곳에 있게 부르신 분이 있습니다. 그 분을 알고, 그 분의 부름을 들어야 합니다. 존재의 이 깊은 부름을 듣게 되면, 우리는 왜 내가 '지금 이곳에' 존재하는지를 알 수 있습니다. 지금 이곳에 서 있는 우리를 향하여 들리는 하나의 부름이 있습니다. 그것은 '들어오라'는 부름입니다. 우리가 어떤 삶의 자리에 서 있든지, 그곳에는 '하나님의 은혜 안으로 들어오라'는 소리가 들립니다. 고통스럽고 괴로운 자리에 있는 우리를 향하여 '수고하고 무거운 짐진 자들아. 다 내게로 오라'고 주님께서 부르십니다. 이 부름의 소리에 응답하여 주님의 은혜와 구원 속으로 들어가면, 그때 우리는 왜 '지금 이곳에' 우리가 존재하고 있는지를 깨닫게 됩니다. 우리가 지금 이곳에 있는 이유는 내가 하나님을 만나기 위해서, 아니 하나님께서 나를 만나기 위해서였습니다. 하나님은 내가 서 있는 지금 이 자리에까지 찾아오셨습니다. 늘 곁에서 나를 찾고 계셨습니다. 다만 내가 그 부름을 듣지 못했습니다. 하지만 부름에 응답하면서 우리는 우리가 지금 이곳에 있게 된 것이 결코 우연이 아니라 하나님의 뜻과 섭리였음을 확인하게 됩니다.

...

지금 이곳에 서 있는 우리를 향하여 들리는 또 하나의 부름이 있습니다. 그것은 '나아가라'는 부름입니다. 주님은 우리가 그리스도 안에 들어와 하나님을 만나게 하실 뿐 아니라, 그리스도를 자신 안에 담고 다시 내 삶의 자리로 나가도록 보내십니다. 주님은 우리가 그리스도 안에서 구원받은 백성으로 살아갈 뿐 아니라, 세상 안에서 사명자로 살아가기를 원하십니다. 주님의 보내시는 부름을 듣게 되면 지금까지 힘들어 떠나고 싶어했던 '지금 이곳'은 사실상 내가 다시 되돌아가 사명을 가지고 일해야 할 자리임을 깨닫습니다. 이곳에 있는 여러 관계들과 일들과 만남들은 한편 짐이요 고통처럼 보이지만, 사명을 가지고 섬겨야 할 축복이며 은혜라는 것을 알게 됩니다. 이렇게 주님의 두 번째 부르심을 통해서 우리는 왜 지금 이곳에 살아있는지를 확인합니다. 주님은 나를 지금 이곳으로 보내기 위해서, 나를 지금 여기에 있게 하신 것입니다.

...

그러므로 '지금 이곳'은 떠나야 할 자리이면서 동시에 다시 되돌아가야 할 자리입니다. 지금 이곳을 떠나 주님 안으로 들어오라는 부르심은 지금 이곳으로 나아가라는 보내심과 하나로 연결되어 있습니다. 지금 이곳에는 언제나 두 개의 부르심이 들리고 있습니다. '지금 여기를 떠나라, 그리고 지금 여기로 되돌아오라.' 우리는 '지금, 여기로부터' 부르심을 받고, 또한 '지금 여기로' 보내심을 받았습니다. 우리는 부르심을 받았고, 또 보내심을 받았기에 우리는 지금 여기에 존재합니다.

…

당신의 지금 이곳에서 하나님의 두 부르심을 들으십시오. 삶의 자리를 떠나고 싶을 때, 그리스도 안으로 들어가십시오. 그러면 당신은 그리스도를 여러분 안에 모시고 내가 떠나고 싶어 했던 곳으로 다시 갈 힘과 용기를 얻게 될 것입니다. 또 보내심을 받은 그곳에서 사명자로 일하기 위해서는 바로 그곳에서 계속해서 주님 안으로 들어가야 합니다.

당신의 삶의 자리에서 이 두 부르심을 듣고 산다면, 당신의 지금 이곳은 결코 뜻 없는 시간이나 의미없는 장소가 아닙니다. 바로 지금 이곳은 곧 거룩한 시간이며 거룩한 장소입니다. 일상적 자리, '지금 여기'가 바로 성소입니다. 당신은 지금 여기서 거룩한 땅에 서 있는 것입니다.

다섯 번째, 겨울의 기도

주여, 인생의 작은 여러 질문들에 많은 관심을 갖고 살지만, 정작 가장 중요하고 큰 질문에 대해서는 무관심하게 살아왔습니다. 문득 장례식이 있으면 인생의 큰 질문을 잠시 생각했다가는 바쁜 일상으로 되돌아가곤 했습니다. 죽음이란 큰 질문에 대한 답이 없으므로, 삶도 뚜렷한 목적과 의미를 발견하지 못했습니다. 하지만 이제 그리스도를 통해서 죽음이라는 가장 큰 질문에 대한 답을 얻게 해주소서. 죽음의 의미를 깨달음으로 삶의 목적도 알게 하소서. 소망을 가지고 믿음과 사랑으로 살게 하소서. 아멘.

겨울의 기도 5

죽음은 마침표가 아니다

　어느 월요일입니다. 성도 두 분의 장례 예배가 있었고, 이어 시신을 병원에 기증하신 두 분의 유골을 안장하는 안장 예배가 있었습니다. 하루 동안 사랑했던 네 분의 성도님들을 하나님의 품으로 보내드렸습니다. 그날은 그 어떤 때보다 마음이 무거웠습니다. 그 중에 갑작스럽게 하나님의 부르심을 받으셨던 한 집사님의 유가족은 견디기 어려운 엄청난 충격 속에 있었습니다. 이를 지켜본 성도들이 얼마나 큰 아픔으로 슬퍼했는지 모릅니다. 그 날 하루는 일년보다 더 긴 듯 했습니다.

이런 무거운 마음으로 안장 예배를 준비하고 있는데 문득 샘물 호스피스 건물의 벽에 걸린 액자를 봤습니다. 그 액자 속의 한 글귀가 눈 속으로 빨려 들어왔습니다. 그것은 '죽음은 마침표가 아닙니다!'라는 글이었습니다. 액자에 담긴 이 글은 그날따라 짙게 드리운 안개를 걷어가는 환한 햇살처럼 마음에 강렬하게 다가왔습니다.

...

우리는 태어나 살아가면서 점점 더 많은 물음표를 갖게 됩니다. 그중에 일부는 풀리기도 하지만, 대부분은 여전히 물음표 그대로 남아 있습니다. 그런데 풀지 못하는 물음표들은 대부분 인생에서 매우 중요한 물음표들로서, 그것을 그대로 안고서 살다가 인생을 마감합니다. 사실 인생의 작은 여러 물음에 대한 답들보다 큰 물음에 대한 답이 더 중요한데, 살아갈수록 큰 물음에 대해서는 관심이 적어지다가, 결국 큰 질문도 잊고 그 질문에 대한 답도 얻지 못한 채 인생을 마쳐가게 됩니다. 우리가 인생의 물음에 대한 모든 답을 다 얻을 수는 없고, 또 그럴 필요도 없지만, 분명한 것은 한 가지 중요한 물음표에 대한 답만은 반드시 필요하다는 것입니다. 그것은 죽음과 죽음 이후의 생에 관한 물음입니다. 이 물음표에 대한 답을 얻지 못하고 인생을 마친다면, 인생은 영원히 풀 수 없는 물음표로 남을 수밖에 없습니다.

인생의 가장 큰 물음표에 대해 다음과 같은 답을 가지고 살아가는 사람들이 있습니다. 그것은 죽음은 영원한 마침표라는 답입니다. 죽음은 삶의 종지부를 찍는 최종 '마침표'이기에, 보이는 세상이 전부이며 그 이상도 이하도 없다는 것입니다. 그런데 이것을 답이라고 생각하며 사는 사람들은 그 답을 가지고도 여전히 불안해 합니다. 왜냐하면 그것이 정답임을 확신할 수 없기 때문이기도 하지만, 만약 그것이 정답이라고 해도 그것은 전혀 소망을 주는 답이 될 수 없기 때문입니다.

사실 인생의 가장 큰 물음표에 대해 답을 스스로 찾을 수 있는 사람은 이 세상에 없습니다. 아무도 죽음을 경험하지 못했고, 또 그 이후를 살아본 사람이 없기 때문입니다. 그래서 우리에게는 도움이 필요합니다. 그런데 죽음을 경험하시고, 다시 살아나신 분이 계십니다.

그분은 가장 큰 물음표에 대해 답할 수 있는 유일한 자격자가 되십니다. 그분께서 이런 말씀을 하십니다. "너희는 마음에 근심하지 말라. 하나님을 믿으니 또한 나를 믿으라. 내 아버지의 집에는 거할 곳이 많도다"(요 14:1-2). 이 세계 너머를 아시는 그분은 이 세상이 전부가 아니라 영원한 시간과 공간이 있으며, 또 육신의 몸이 전부가 아니라 부활의 몸이 있다고 하십니다. 그분은 바로 예수 그리스도이십니다. 우리는 전문가의 권위에 근거해서 우리가 모르는 질문에 대한 답을 얻듯이, 죽음을 경험하셨을 뿐 아니라 죽음을 이기신 그리스도의 권위에 근거해서 큰 질문에 대한 바른 답을 찾을 수 있습니다. 그 답은 죽음은 '마침표'가 아니라, 영원을 향한 '쉼표'라는 답입니다.

우리는 인생의 큰 물음표에 대한 답을 갖고 살아야 죽음에 대한 막연한 두려움을 이기게 됩니다. 뿐만 아니라, 지금 이곳에서 살아가는 삶의 의미도 깨닫게 됩니다. 막연한 불안과 공포의 대상이었던 죽음 너머의 세계가 소망의 대상이 되고, 지금 이곳의 삶은 내일의 목적지를 향한 의미 있는 순례가 됩니다. 그리고 의문투

성이의 오늘의 삶이 느낌표가 가득한 소망의 삶으로 바 뀝니다.

...

 겨울은 인생의 마지막을 생각하게 하는 계절입니다. 그러나 겨울에 관해서 잊지 말아야 할 것이 있습니다. 그것은 겨울은 계절의 마침표가 아니라 봄을 향한 쉼표라는 것을. 이 땅의 삶도 그렇습니다. 이 땅의 삶이 전부가 아니고 거룩하고 영원한 봄이 다가오고 있습니다. 그러므로 그리스도 안에서 죽음은 마침표가 아니라, 영생의 봄을 향한 쉼표입니다. 이 진리의 빛이 마음에 비취면, 그때부터 우리의 마음과 삶에 느낌표의 꽃이 피어 나기 시작합니다. 물음표 대신에 감사와 기쁨의 느낌표가 인생의 노트에 기록됩니다. 인생의 이야기를 죽음이란 마침표로 끝내지 않고, 감사의 느낌표로 채우다가 영생을 향한 쉼표로 끝낼 수 있기를 바랍니다.

여섯번째, 겨울의 기도

주여, 솔로몬이 봤던 것처럼 인생의 실상을 보게 해주소서. 하나님이 없이 산다면 누구든지 솔로몬처럼 마지막에 인생의 허무를 말하지 않을 수 없음을 알게 해주소서. 이제 해 아래 세상에 대한 집착을 넘어서서 해 위에 대한 소망을 가지고 해 아래의 세상을 믿음과 사랑으로 살아가게 하소서. 인생의 허무함을 한탄하지 말고, 이 세상의 분복에 욕심내지 않고, 주님 주신 사명을 감당하다가 마치 소풍을 마치고 돌아가듯이 그렇게 주님 나라로 갈 수 있게 하소서. 아멘.

겨
울
의
기
도
6

세 가지 종류의 인생

"헛되고 헛되며 헛되고 헛되니 모든 것이 헛되도다"(전 1:2). 삶의 의미를 찾는 이들에게 솔로몬이 던졌던 첫 마디였습니다. 용기와 희망을 찾아 그에게 왔던 이들에게, 솔로몬이 희망과 꿈을 모조리 해체해 버리는 '허무'란 말로 인생 이야기를 시작했던 이유가 무엇이었을까요? 인생이란 말 그대로 아무런 살 의미도 가치도 없는 것이기 때문일까요? 아니면 인생은 허무란 어떤 부정의 단계를 거쳐야만 비로소 긍정에 이를 수 있는 것이기 때문일까요?

...

 솔로몬은 인생이란 책을 한 장씩 펼쳐 보이면서 이렇게 이야기합니다. '보세요. 인생의 시간은 우리에게 재물도 명예도 지식도 안겨다 주다가, 그것들을 하나씩 둘씩 다시 앗아갑니다. 그리고 최후에는 모든 것을 다 가지고 가기 때문에 인생의 결산서에 남는 것이라곤 하나도 없습니다. 자, 그렇다면 인생이란 무엇입니까? 우리가 인생의 빈 광주리에 이것저것 다 채우기 위해서 살아왔지만, 결국 마지막 우리 인생에서 남아 있는 것이 무엇입니까? 결국 만족하지 못한 채 인생을 마감할 수 밖에 없다면, 인생이란 채울 수 없는 것을 채우겠다고 애쓰면서 살아온 허무한 일이 아니고 무엇이란 말입니까!'

 그의 이야기가 계속됩니다. '인생의 또 다른 모습을 보여드리죠. 일생 동안 삶의 여러 가지를 좋게 바꾸려고 노력했지만, 정말 바뀐 것이 무엇입니까? 많은 것이 바뀐 것 같지만 사실상 나의 본성과 운명과 같은 것은 그대로 있지 않습니까? 그렇다면 바뀌었다고 좋아했던 것들은 결국 표면적인 변화가 아닙니까? 대체 인생의 그 많은 노력이 무슨 특별한 의미가 있단 말입니까? 정말 바뀌어야 할 것은 바뀌지 않았고, 반드시 바뀔 필요가 없는 것들만 바꾸었다면, 인생이 무엇인지 다시 한 번 생각해 보십시오. 참으로 인생이란 허무하지 않습니까!'

 인생의 적나라한 모습을 하나씩 보여주는 솔로몬의 말에 반박할 말을 찾아내기가 힘듭니다. 실로 우리는 솔로몬의 말처럼 역사의 무대에 잠시 배역을 맡았다가 막이 내리면 퇴장하는 배우와 같습니다. 고생고생하며 살다가 인생이 끝나기 때문에 인생이 허무한 것만은 아닙니다. 비록 살면서 많은 성공을 거두었다고 해도, 인생의 끝은 다 타고 남은 재와 같기에, 성공한 인생, 아름다웠던 인생이라고 할수록 더 허무하게 보이는 겁니다. 그래서 인생에 대한 이런 역설적 표현이 가능합니다. 인생은 허무하기에는 너무 아름답고, 또 인생은 아름답기에 너무 허무하다고 말입니다. 이것이 솔로몬이 우리에게 보여주는 인생의 모습입니다.

· · ·

 이런 인생의 실상을 직면했다면, 대체 우리들은 어떻게 해야 합니까? 인생은 어차피 허무한 것이니, 아무렇게나 살자고 해야 할까요? 허무주의자, 염세주의자들처럼 살아가야 할까요? 물론 그래서는 안됩니다. 지혜자들의 말을 들어 보십시오. 그들은 이렇게 말합니다. '인생은 궁극적으로 허무하다. 그러나 인생 속에 여러 좋은 것들이 있다. 그것을 찾아 보도록 노력하라. 그러면 인생에는 비록 모순과 부조리도 많이 있지만, 그 속에 질서도 아름다움도 있으며, 비록 땀을 흘리는 수고가 있긴 하지만 즐거움도 있다. 이런 것을 찾아내면서 산다면, 삶은 반드시 허무한 것만은 아니고 보람도 있고 즐거움도 있다. 그런 보람과 즐거움을 바라보면서 살라.'

 실제로 그렇습니다. 솔직히 말해서, 인생은 전적으로 허무하기만 한 것은 아닙니다. 사람마다 자기가 서 있는 자리에서 열심히 살다 보면, 그 속에 숨겨진 즐거움이 있습니다. 비록 고생스러운 순간이라고 해도, 그 속에 "수고 중에서 있는 낙"(전 5:18)이란 것이 있습니다.

이것들을 찾는다면, 우리는 행복이란 것이 과거나 미래가 아니라 현재에 있으며, 또 행복은 저 어떤 곳이 아니라 바로 이곳에 있다는 것을 느낄 때가 있습니다. 울 때도 있고 괴로워할 때도 있지만, 그런 삶 속에 감추어진 작은 행복들을 찾아내면서 살아갈 때 허무한 인생을 어느정도 행복하게 살아갈 수가 있습니다. 우리가 삶의 모든 행복을 다 가질 수는 없지만, 인생 속에 주어진 일정한 양의 행복 즉 분복을 찾아서 살아간다면 우리는 그런대로 행복한 삶을 살 수 있는 것입니다. 이런 인생을 두고 우리는 '분복인생'을 산다고 할 수 있습니다.

인생을 통째로 부정하는 허무인생 보다는 인생의 긍정적인 부분을 누리며 사는 분복인생이 더 좋습니다. 하지만 우리는 좀더 깊이 생각해야 합니다. 왜냐하면 분복인생이 허무인생보다 더 나은 것은 사실이지만, 그것이 허무인생의 진정한 대안이 될 수는 없기 때문입니다. 비록 이 땅에서 다른 사람보다 좀 더 많이 갖고, 좀 더 오래 살면서 남보다 더 많은 분복을 누리면서 살았다 할지라도, 그 모든 분복은 유한하며 일시적일 수밖에 없습니다. 또 그 모든 분복들은 우리들을 허무인생으로 이끌어가는 것을 막을 힘이 없다는 점에는 궁극적으로 큰 차이가 없습니다. 분복인생은 말합니다. '인생은 허무하다. 다만 살 동안 분복에 만족하며 즐겁게 지내라. 이상 끝.' 이런 분복인생의 지혜는 인생 허무에 대한 온전한 답은 아니기에, 솔로몬은 모든 인생을 향하여 "헛되고 헛되니 모든 것이 헛되도다"라고 말했던 것입니다.

...

 우리가 분복인생의 이런 한계를 안다면, 인생을 보는 새로운 관점을 배워야 합니다. 그것은 허무를 이기기 위해서 이 땅의 분복을 찾는 것을 넘어서, 인생의 허무를 만드는 인생의 근본 조건을 깨닫는 것입니다. 인생을 허무하게 만드는 인생의 근본 존재 조건은 '모든 인생은 해 아래 존재한다'는 점입니다. 해 아래 살아간다는 것은 모든 인간이 유한성과 죄성에 갇혀 있다는 말이고, 해 위에 계신 하나님과 분리되어 존재한다는 뜻입니다. 모든 인간은 '해 아래'라는 이런 근본적인 존재 조건 안에서 삽니다. 그러므로 해 아래 살아가는 인간에게는 엄밀한 의미에서 출구가 없습니다. '해 아래'

의 존재가 필연적으로 가지는 허무의 문제를 근원적으로 풀려고 하면 우리는 '해 위'의 차원을 만나야 합니다. '해 아래'의 인간문제는 해 아래 인간들의 지혜만으로 풀 수 없습니다. '해 아래' 존재인 인간이 '해 위'의 창조주를 만나야지, 그렇지 않으면 결국 '해 아래' 즉 죄와 유한성 안에 갇혀 살다가 곤고한 날, 아무 낙이 없다고 할 때를 만나게 됩니다. 그러므로 그 날이 가깝기 전에 우리는 모두 창조자를 기억해야 합니다(전 12:1).

...

만약 '해 아래'의 인생들이 '해 위'와 연결되면 인생의 의미가 새로워집니다. 삶이 우연이 아니라 오묘한 섭리가 되고, 방황이 아니라 돌아갈 곳이 있는 여행이 됩니다. 천상병 시인의 『귀천』이란 시가 있습니다.

> 나 하늘로 돌아가리라.
> 새벽빛 와 닿으면 스러지는
> 이슬 더불어 손에 손을 잡고
> 나 하늘로 돌아가리라.
> 노을 빛 함께 단 둘이서
> 기슭에서 놀다가 구름 손짓 하며는
> 나 하늘로 돌아가리라

아름다운 이 세상 소풍 끝내는 날
가서 아름다웠다고 말하리라.

이 시의 내용처럼 인생은 돌아갈 곳을 기다리는 아름다운 소풍과 같아야 합니다. 임무를 마치고 본국으로 돌아갈 날을 기다리는 출장과 같고, 신랑을 만날 날을 기다리는 신부의 설레는 시간과 같아야 합니다. 우리는 인생의 허무를 한탄하기만 할 것도 아니고, 또 땅의 분복만 잠시 붙잡고 살 것도 아닙니다. 우리는 해 위를 소망하면서 해 아래를 순례하는 소풍인생, 출장인생, 신부인생을 살아야 합니다. 허무인생, 분복인생, 그리고 소풍인생, 이 세 가지 종류의 인생 중에 당신은 어떤 종류의 인생을 살고 있습니까?

사계절을 위한 기도,
겨울의 기도.

일곱번째, 겨울의 기도

주여, 그리스도 안에서는 모든 부정적인 것이 긍정적인 것으로 바뀝니다. 죽음도 은총으로 바뀌고, 절망도 소망으로 바뀝니다. 그리스도 안에서는 죽음마저도 은혜입니다. 살아 있음도 죽는 것도 은혜입니다. 주님의 은혜와 사랑이 아닌 것이 없나이다. 주님의 은혜의 태양이 내 머리 위에서 비치고 있는 한, 내 인생의 사계절은 다 은혜요, 축복이요, 소망임을 깨닫게 해주소서. 아멘.

겨울의 기도 7

죽음, 역설적 은총

한 해의 겨울이 어김없이 찾아오듯이 인생에도 반드시 겨울이 옵니다. 차가운 땅을 뚫고 올라온 봄철이 인생에 있었다 해도, 푸르른 잎새를 울창하게 드리웠던 여름철이 삶에 있었다고 해도, 또 풍성한 열매를 가득 거두었던 가을철이 있었다고 해도, 그래도 인생에 겨울은 오고야 맙니다. 아무도 그 겨울의 발걸음을 막을 수가 없습니다. 겨울은 가을의 들녘으로 차갑고 매정한 얼굴을 하고서는 건너옵니다. 그 겨울의 발걸음이

닿는 곳마다 봄의 노란색, 여름의 초록색, 가을의 고운 단풍색이 다 황량한 갈색으로 바뀝니다. 모든 것을 얼음처럼 얼어붙게 하는 겨울의 손님은 결코 피할 수 없는 필연의 손님으로 지금도 우리를 향해 성큼성큼 걸어오고 있습니다.

 겨울이란 손님은 만나고 싶지도 않고 보고 싶지도 않은 손님입니다. 그의 무서운 얼굴은 생각하기도 싫습니다. 그런데 바로 이런 인생의 겨울 손님, 죽음을 향하여 성경은 이렇게 말씀합니다. "그의 경건한 자들의 죽음은 여호와께서 보시기에 귀중한 것이로다"(시 116:15). 성경은 인생의 겨울인 죽음을 귀하게 본다고 했습니다. 겨울을 차가운 얼굴을 한 피해야 할 손님이 아니라, 하얗고 부드러운 솜털 같은 얼굴을 한 환영해야 할 손님으로 보고 있는 것입니다. 가장 두려운 손님을 기다려야 할 손님으로, 저주를 은총으로 보고 있으니 이해하기가 어렵습니다. 하지만 성경이 왜 그렇게 말씀하시는 것인지 이유를 알 필요가 있습니다. 그 이유는 무엇일까요?

…

 그것은 죽음은 떠남이 아니라 도착이기 때문입니다. 분명히 죽음은 모든 것에서 우리를 떠나게 만듭니다. 나의 흔적이 남아 있는 정든 거리에서, 내 체취가 배여 있는 집에서, 추억이 묻어 있는 고향에서, 그리고 사랑하는 사람들에게서 죽음은 철저하게 나를 떼어 놓습니다. 죽음의 의미는 이렇듯 철저한 분리요 떠남입니다.

 하지만 떠남만이 죽음의 전부는 아님을 알아야 합니다. 겨울을 가을의 이편에서만 보면 분명히 한 해의 끝이지만, 겨울을 찬란한 봄의 저편에서 바라본다면 그 의미는 달라집니다. 겨울은 봄에 이르기 위한 문이 됩니다. 신앙 안에서 죽음의 모습이 그렇습니다. 죽음은 이 곳을 떠나는 것이지만, 죽음은 그곳에 도착하기 위한 문입니다.

 떠나야 도착할 수 있습니다. 이곳을 떠나지 않으면 저곳에 도착할 수 없습니다. 영원한 항구에 닿기 위해서는, 잠시 정박한 항구에서 닻줄을 올려야만 합니다. 하지만 우리들은 떠나야 할 곳에서 영원히 머물 생각만 합니다. 영원히 머물 곳보다 잠시 머물 곳에 더 많은 애

착을 갖습니다. 그러다가 아무런 준비도 없이 갑작스럽게 겨울손님을 맞이하곤 합니다. 떠날 준비, 도착할 준비를 해야 합니다. 그럴 때 죽음은 모든 것에서 떠나는 슬픔이 아니라, 고향에 도착하는 은총의 기쁨이 될 수 있습니다.

...

 성경이 죽음을 은총으로 보는 또 하나의 이유는 신앙 안에서 죽음은 헤어짐이 아니라 만남이기 때문입니다. 죽음은 사랑하는 가족과 헤어지게 합니다. 오래 정든 친구와 헤어지게 하고, 허물 없이 지냈던 마을 사람들과 추억이 서려 있는 고향과 헤어지게 합니다. 그리고 나의 몸과도 헤어지게 합니다. 이 헤어짐은 더 이상 다시 만날 수 없는 헤어짐이기에 슬픔의 무게가 더해집니다. 그러나 가을의 끝에서 본 죽음의 겨울은 헤어짐만 주는 것 같으나, 그 겨울을 영원의 봄에서 본다면 헤어짐이 전부는 아닙니다. 죽음은 만남을 위한 필요한 조건이 됩니다.

 우리는 이 세상에 살면서 막연한 그리움을 가지고 살아갑니다. 아무리 좋은 것을 가져도 그 이상의 무엇을 그리워하고, 아무리 좋은 사람을 만나도 어떤 님을 가슴 속에 가지고 있었습니다. 반드시 만나야 할 영원한 님이 있기 때문입니다. 우리는 그 영원한 님을 기다리는 신부와 같습니다. 죽음은 영원한 님이신 예수님을 만나게 합니다. 죽음은 영적 신랑과 영원히 만나는 영원한 혼인 잔치로 들어가는 입구입니다.

 죽음은 우리를 주님과 만나게 할 뿐 아니라, 부활의 새 몸을 만나게 합니다. 그뿐 아니라 헤어졌던 가족들과 성도들을 변화된 모습으로 다시 만나게 합니다. 이제는 헤어짐이 없을 것입니다. 왜냐하면 그림자가 아니라 실상을 만났기 때문입니다. 살면서 많은 사람들을 만나고 사귀지만, 결국 헤어질 뿐이라면 그 인생은 겨울일 수밖에 없으나, 우리에게 주님과의 만남, 그리고 사랑하는 이들과의 재회가 기다리고 있기에 죽음은 새로운 은총이 됩니다.

・・・

 죽음이 은총인 또 하나의 이유는 신앙 안에서 죽음은 잃어버림이 아니라 얻음이기 때문입니다. 죽음은 모든 것을 잃어버리게 합니다. 집도 건물도 돈도 명예도 내게 속한 모든 것도 다 죽음이 가져갑니다. 남는 것은 그저 먼지 한 줌뿐입니다. 그러나 죽음에는 상실만 있는 것은 아닙니다. 죽음은 이 땅에 속한 모든 것을 잃어버리게 하지만, 동시에 주님께서 예비하신 면류관을 가져다 줍니다. 바울의 고백을 들어 보십시오. "이제 후로는 나를 위하여 의의 면류관이 예비되었으므로 주 곧 의로우신 재판장이 그 날에 내게 주실 것이며 내게만 아니라 주의 나타나심을 사모하는 모든 자에게도니라"(딤후 4:8). 이 세상에서 얻는 것은 모두 다 쇠하고 잊혀져 결국 우리를 떠나지만, 주님께서 예비하신 상급은 영원히 있습니다. 이 세상에서의 사라질 영광을 붙들고 살다가, 하나님 나라에서의 영원한 영광을 놓치고 사는 경우가 얼마나 많은지 모릅니다. 이 땅에서 주님의 나라를 소망하면서 주님의 사람으로 살아갔다면, 죽음은 모든 것의 상실이 아니라, 영원한 면류관을 얻는 것임을 잊지 마십시오.

・・・

인생의 겨울, 죽음. 이 땅의 가을의 끝에서 보면 존재의 끝이란 무서운 저주로 보이나, 영원의 봄에서 보면 그것은 찬란한 시작이며 아름다운 은총이 됩니다. 이 깨달음 속에서 살아가는 삶이 신앙인의 모습입니다. 모든 것이 다 은혜입니다. 사는 것도 은혜요 죽는 것도 은혜입니다. 인생의 봄도 여름도 그리고 가을과 겨울도 다 은혜입니다. 봄이 오기 때문에 겨울이 의미를 갖습니다. 하늘의 소망이 있기에 죽음마저도 버릴 수 없는 소중한 선물이 됩니다. 성도들의 삶이란 얼마나 축복된 것인지 모릅니다. 인생의 어느 계절도 주님의 은혜 안에서 다 소중한 계절입니다. 심지어 죽음의 겨울까지도.

여덟번째, 겨울의 기도

주여, 새해가 시작되었습니다. 새해를 새롭게 하는 것이 무엇인지 깊이 생각해 보게 하소서. 새해는 하나님이 주신 시간 때문에 새롭게 되기 보다는, 그 시간 속에 두신 제 자신이 새로워진 만큼 새롭게 되는 것이오니, 주여, 저를 날마다 새롭게 하소서. 매일 하나님에 대한 발견이 있게 하소서. 참된 새로움은 오직 주님에게 속한 것입니다. 제가 살아가는 인생의 사계절을 주님의 새로움으로 채워주소서. 주님과 함께 있음으로 모든 계절이 늘 새롭도록 해주소서. 아멘.

겨울의 기도
8

새해를 새롭게 하는 것

새해가 시작되고 일년이란 새로운 시간이 주어지면, 사람들은 시간이 새로 주어졌기 때문에 한 해가 새롭다고 생각합니다. 하지만 한 해를 새롭게 만드는 것은 새롭게 주어진 일년이란 시간이 아닙니다. 시간 속을 살아가는 사람이 새로워지지 않는다면, 비록 새로운 시간이 주어진다 해도 그 시간 속에서는 옛 것들만이 계속해서 반복될 것입니다. 시간을 새롭게 하는 것은 우리들의 새로운 자세며 태도입니다. 우리 자신이 새로워진 만큼 시간은 새롭게 되는 법입니다.

　새해가 되어 새해의 결심이 굳게 서면 새해가 새롭게 된다고 생각합니다. 하지만 한 해는 한 해의 결심으로 새로워지는 것이 아닙니다. 한 달이 새로워질 때 새롭게 되고, 한 달은 한 주가 새로워질 때 새롭게 되며, 새로운 한 주는 하루하루가 새로워질 때 새롭게 됩니다. 예레미야 선지자는 하나님의 성실하심이 "아침마다 새롭습니다"(애 3:23)라고 고백하며 살았습니다. 이렇게 하루하루를 새롭게 살아갔기에 그의 한 달, 나아가 그의 일생이 새롭게 된 것입니다. 사실 해 아래 새롭다고 할 것은 없습니다(전 1:9). 시간 속에 임한 하나님의 임재와 은혜가 헛된 시간을 구원하는 것입니다.

　그러므로 새해를 새롭게 하는 것은 일 년이란 물리적 기간이 아니라, 시간 속에 채워져야 하는 은혜에 대한 깨달음과 삶의 의미와 목적입니다. 시간의 방향이 삶의 궁극적 의미와 목적으로 바로 잡히지 않으면 시간은 낭비되는 것입니다. 매일 떠오르는 태양을 보면서 하루의 새로움을 기대하지만, 마음 속에 말씀의 태양이 은혜의 빛을 담고 환한 깨달음으로 떠오르지 않으면 그 하루는 결코 새로운 것이 아닙니다.

...

 기억하십시오. 새해를 새롭게 하는 것은 외적으로 주어진 시간이 아니라, 그 속을 살아가는 사람이라는 것을. 그러므로 자기 자신을 새롭게 하기 위해서 자신에게 몇 가지 중요한 질문을 던져 보는 시간을 가져야 합니다. 벗어야 할 낡은 굴레가 무엇인지를 깨달아야 합니다. 그리고 새롭게 나아가야 할 방향을 바라봐야 합니다. 말씀의 태양 빛 아래서 매일 다음과 같은 질문을 해보십시오.

 먼저, '나는 목적이 분명한 삶을 사는가?'라는 질문입니다. 나는 사람들 앞에 화려하게 피었다가 지고 마는 꽃과 같은 삶이 되려고 하는가, 아니면 주님 앞에서 풍성한 열매를 맺는 삶이 되고자 하는가? 주님께서는 열매 맺는 것을 삶의 목적으로 삼아야 한다고 하셨습니다. 우리가 맺어야 할 열매는 인격의 열매이고, 또 전도의 열매입니다. 내가 먼저 내적으로 변화되고, 그런 나를 통해서 다른 사람들이 그리스도께 돌아오게 되는 축복의 열매가 맺혀야 합니다. 그리하여 '나'와 '너'는 탐

스런 포도송이처럼 어우러져 영적 공동체인 '우리'를 이루어야 합니다. 이것이 삶의 분명한 목적이 되고 있습니까?

그리고 '나는 능력의 원천에 연결되어 있는가?'를 물으십시오. 당신의 삶의 목적이 분명하게 되었다면, 이제 그 목적에 이를 수 있는 힘을 어디서 얻는지 알아야 합니다. 가지가 열매를 맺기 위해서는 나무에 붙어 있어야만 하고, 전구가 불을 밝히기 위해서 발전소와 연결되어야 하듯이, 우리들은 은혜와 능력의 원천이신 하나님께 연결되어 있어야 합니다. 매일의 삶이 그리스도에게 연결되어 있습니까? 아니면 내 힘으로 살려고 하고 있습니까? '그리스도 안에' 거할 때 비로소 우리는 '그리스도를 향하여' 살아갈 수 있습니다.

...

이제 '나는 가장 중요한 것을 먼저 하는가?'를 물어봐야 합니다. 목적이 분명해졌다는 것은 삶의 우선순위가 정해졌다는 뜻입니다. 열매 맺는 삶을 위해서 하나님에게 붙어 있는 것, 즉 일상의 삶 속에서 하나님과의 관계가 가장 중요합니다. 그런데 이것이 덜 중요한 것들에 의해서 밀려 소홀히 되고 있지는 않습니까? 인생의 항아리에 가장 크고 중요한 돌이 먼저 들어가지 않으면, 작은 모래들 때문에 큰 돌이 들어갈 공간이 없어지고 맙니다. 우선순위를 따라서 내 삶이 잘 정돈되고, 크고 작은 목표들이 바른 방향을 갖고 합력하여 선의 결과를 낼 수 있도록 가장 중요한 것에 우선순위를 두십시오.

...

 마지막으로 '내 영혼의 톱날이 무디어 지고 있지 않는가?'라는 것을 물어야 합니다. 목적을 향하여 꾸준하게 가는 삶의 여정은 그리 만만치 않습니다. 나무를 자르기 전에 먼저 톱날을 가는 시간이 있어야 하는 것처럼, 우리는 여러 가지 일을 하기 전에 먼저 영혼의 톱날을 가는데 시간을 투자해야 합니다. 하루를 은혜의 시간으로 시작해야 하고, 일주일을 주일로 시작해야 합니다. 그래야 영혼의 톱날이 무뎌지지 않습니다. 하루의 몇 분, 일주일의 하루가 인생의 방향을 바르게 잡아주는 지침이 되고 내일의 창조를 위한 소중한 거름이 됨을 잊지 마십시오.

아홉번째,
겨울의 기도

주님, 과거에 후회하고 미래에 대해 불안해 하는 우리들입니다. 미래는 한번도 가보지 않는 미지의 땅이지만, 또 우리가 과거에 뿌린 씨앗들로 인한 결과를 맛보게 되지만, 주님의 은혜의 손 안에서 미래는 달라질 수 있음을 기억하게 하옵소서. 하나님이 미래의 주인이시니 미래가 주님의 손 안에서 합력하여 선을 이루는 방향으로 열려 있음을 기억하고 결코 낙담하지 않게 하옵소서. 아멘.

| 겨 |
| 울 |
| 의 |
| 기 |
| 도 |

9

미래는 열려 있다

우리는 매 순간 선택의 상황을 만납니다. 큰 선택도 있고 작은 일상적인 선택도 있습니다. 선택할 때, 주님의 뜻을 따라 택하고자 합니다. 그런데 무엇이 주님의 뜻인지 잘 모르는 경우가 많습니다. 선택한 후 잘 선택했는지 고민할 때가 있습니다. 잘못 선택했다면 그 선택이 앞으로 더 큰 후회를 만들지 않을까 염려하기도 합니다. 과거의 선택에 대해서 어떠한 마음을 가져야 할까요?

사도 바울이 3차 선교 여행을 마치고 예루살렘을 방문했을 때입니다. 예언하는 몇 분들이 예루살렘을 가면 고난이 있을 것이라고 말했습니다. 이런 예언을 듣고 예루살렘에 가지 않기로 선택할 수 있었습니다. 그런데 바울은 그런 예언을 듣고도 예루살렘으로 가기로 결정합니다.

바울이 예루살렘으로 가는 것과 가지 않는 것, 어떤 것이 주님의 뜻이었을까요? 만약 예루살렘으로 가는 것이 주님의 뜻이 아니었다면, 그 이후 모든 일은 다 주님의 뜻을 어기는 것이 되는 것일까요?

실제로 바울이 예루살렘에 갔을 때 유대인들이 그를 죽이려고 했습니다. 생명의 위협을 겪어야 했습니다. 이때 바울은 예루살렘으로 오기로 선택한 것에 대해서 후회했을까요? 바울은 후회하지 않고, 도리어 주님의 뜻 안에 있다는 확신 가운데 지냈습니다. 그 이유는 무엇일까요?

첫째, 바울이 예루살렘으로 오기로 결정한 것이 선한 동기에서 나온 것이기 때문입니다. 그는 자신이 내린 선택에 대해서 주님 앞에서 떳떳했습니다. 그래서 고난이 온다고 해도 후회하지 않을 수 있었습니다.

둘째, 바울은 비록 자신의 선택의 결과가 지금 어려움을 가져온다고 해도, 미래는 주님의 손에 의해서 바뀔 수 있다고 믿었습니다. 예언처럼 고난이 온 것이 사실이지만, 그러나 현재의 고난은 주님의 손에 의해 미래에는 축복의 통로가 될 수도 있음을 그는 잘 알았습니다. 작가의 손에 의해서 스토리는 얼마든지 다르게 쓰여질 수 있는 것입니다.

실제 이런 일이 일어났습니다. 바울이 예루살렘으로 갔기에 고난은 받았지만, 주님의 손 안에서 그 고난은 내일을 위한 소중한 재료가 되었습니다. 그에게 예루살렘의 박해가 없었다면 그는 로마에 압송되지 않았을 것입니다. 그러면 비록 그가 로마에 갔겠지만, 로마 최고의 권력자 앞에 설 수는 없었을 것입니다. 그러나 그가 죄수의 모양으로 갔기 때문에, 재판석에서 최고의 권력자에게까지 복음을 전할 수 있었습니다. 또 감옥에 갇혔지만 그곳에서 위대한 서신을 남기게 되었습니다.

미래는 닫혀 있지 않습니다. 우리는 내일에 대해 운명적인 생각을 가지지 말아야 합니다. 비록 과거 나의 잘못된 선택으로 일이 어렵게 되었다고 할지라도, 하나님이 일하시면 미래는 바뀔 수 있기 때문입니다.

 그러므로 아침에 일어날 때마다 어제의 후회의 짐을 지고 일어나지 마십시오. 주님이 어제를 재료로 오늘을 최고의 날을 만드실 것을 기대하는 마음으로 일어나십시오. 재창조의 능력을 가지고 계신 하나님을 찬양하십시오. 내가 만든 실패란 재료도 주님의 손에서 전혀 다른 창조물을 만들어 수 있습니다. '모든 것이 합력하여 선을 이룹니다.' 주님 안에서 우리의 미래는 밝게 열려 있습니다.

사계절을 위한 기도,
겨울의 기도.

No.

No.

초판 1쇄 인쇄 2007년 6월 26일
2판 4쇄 발행 2011년 7월 20일
개정증보판 2쇄 발행 2023년 4월 6일

지은이 **정현구**
펴낸이 **이기룡**
펴낸곳 **도서출판 생명의 양식**
등록번호 서울 제 22-1443호(1998년 11월 3일)
주소 06593 서울시 서초구 고무래로 10-5(반포동)
전화 02-533-2182
팩스 02-533-2185
홈페이지 www.edpck.org
디자인 박다영

ISBN 979-11-6166-072-1
값은 뒤표지에 있습니다.

이 책은 저작권법에 의해 보호를 받는 출판물입니다.
기록된 형태의 출판사의 허락이 없이는 무단 전재와 복제를 금합니다.